T0208823

essentials

essentials liefern aktuelles Wissen in konzentrierter Form. Die Essenz dessen, worauf es als „State-of-the-Art" in der gegenwärtigen Fachdiskussion oder in der Praxis ankommt. *essentials* informieren schnell, unkompliziert und verständlich

- als Einführung in ein aktuelles Thema aus Ihrem Fachgebiet
- als Einstieg in ein für Sie noch unbekanntes Themenfeld
- als Einblick, um zum Thema mitreden zu können

Die Bücher in elektronischer und gedruckter Form bringen das Expertenwissen von Springer-Fachautoren kompakt zur Darstellung. Sie sind besonders für die Nutzung als eBook auf Tablet-PCs, eBook-Readern und Smartphones geeignet. *essentials:* Wissensbausteine aus den Wirtschafts, Sozial- und Geisteswissenschaften, aus Technik und Naturwissenschaften sowie aus Medizin, Psychologie und Gesundheitsberufen. Von renommierten Autoren aller Springer-Verlagsmarken.

Weitere Bände in der Reihe http://www.springer.com/series/13088

Dirk Lippold

Akquisitionsgrundlagen im B2B-Bereich

Der persönliche Verkauf von erklärungsbedürftigen Produkten und Leistungen

2., aktualisierte Auflage

Dirk Lippold
Berlin, Deutschland

ISSN 2197-6708   ISSN 2197-6716   (electronic)
essentials
ISBN 978-3-658-25936-5   ISBN 978-3-658-25937-2   (eBook)
https://doi.org/10.1007/978-3-658-25937-2

Die Deutsche Nationalbibliothek verzeichnet diese Publikation in der Deutschen Nationalbibliografie; detaillierte bibliografische Daten sind im Internet über http://dnb.d-nb.de abrufbar.

Springer Gabler ist ein Imprint der eingetragenen Gesellschaft Springer Fachmedien Wiesbaden GmbH und ist ein Teil von Springer Nature
Die Anschrift der Gesellschaft ist: Abraham-Lincoln-Str. 46, 65189 Wiesbaden, Germany

Was Sie in diesem *essential* finden können

Sie erfahren,

- warum die Akquisition zwar das teuerste, zugleich aber auch das beste B2B-Marketinginstrument ist und welche Werttreiber den Vertrieb bestimmen,
- wie der B2B-Akquisitionsprozess entscheidend verkürzt und gleichzeitig die Abschlussquote signifikant erhöht werden kann,
- warum Kaufmotive, emotionaler Nutzen und vertriebliche Qualifikation einen entscheidenden Einfluss auf den Vertriebserfolg haben,
- wie Buying Center und Selling Center funktionieren,
- welche Promotoren den Vertriebserfolg positiv beeinflussen und welche Opponenten den Vertriebserfolg entscheidend behindern können,
- wie ein leistungsfähiges, kennzahlenbasiertes Akquisitionscontrolling die Akquisitionskosten entscheidend senken können.

Vorwort zur 2. Auflage

Ob bei der Vermarktung von Roh-, Hilfs- und Betriebsstoffen, technischen Anlagen, Ersatzteilen, Werkzeugmaschinen, Produktkomponenten, Telekommunikationseinrichtungen, Schiffen oder Beratungsleistungen, die Akquisition – also der persönliche Verkauf – ist und bleibt einer der wichtigsten, aber auch teuersten Erfolgsfaktoren im B2B-Geschäft.

Diese Erkenntnis und damit die verstärkte Nachfrage nach Literatur, die eine Effizienzsteigerung des Vertriebs von komplexen, erklärungs- und beratungsbedürftigen Produkten und Leistungen zum Gegenstand hat, haben zu einer weiteren Auflage dieses *essentials* geführt.

In der 2. Auflage wurden nicht nur die Texte kritisch durchgesehen, sondern auch sämtliche Grafiken überarbeitet und farblich gestaltet. Für die verlagsseitige Unterstützung bedanke ich mich bei Frau Juliane Seyhan sowie Frau Anette Villnow, die das Projekt jederzeit unterstützt haben.

Berlin
im Februar 2019

Dirk Lippold

Vorwort

Dieses *essential* befasst sich mit der Akquisition im Business-to-Business (B2B)-Bereich, d. h. mit dem **persönlichen Verkauf** von zumeist komplexen, erklärungsbedürftigen Produkten und Leistungen an Firmenkunden. Aber auch im Konsumgüterbereich (der ja überwiegend dem Business-to-Consumer (B2C)-Bereich zuzuordnen ist) ist der persönliche Verkauf mit seinem Instrumentarium überall dort relevant, wo die Vertriebsorganisation des Herstellers direkt auf den nächsten Verwender (z. B. auf den Zentraleinkauf von Warenhäusern oder Handelsketten) trifft. Dabei geht es dann aber nicht um komplexe Produkte, sondern in aller Regel um große Auftragsvolumina oder Handelsaktionen. Gleichwohl handelt es sich dann auch um B2B (weil ja der Konsument in diesem Fall noch gar nicht direkt betroffen ist).

Zunächst werden einige wichtige akquisitorische Grundbegriffe, Akquisitionselemente und der Akquisitionszyklus mit seiner besonderen Bedeutung für das Lead und Opportunity Management erläutert. Es folgen Einblicke in die Besonderheiten der Vermarktung von komplexen erklärungsbedürftigen Produkten und Leistungen sowie in das Akquisitionscontrolling, da kaum ein anderes Aktionsfeld so stark von Kosten-Nutzen-Aspekten geprägt ist wie die persönliche Akquisition.

Im Mittelpunkt stehen eine strukturierte Darstellung der einzelnen Phasen des Verkaufsgesprächs und Hinweise darüber, wie sich der Verkäufer in diesen Phasen verhalten sollte und welche Techniken im Verkaufsgespräch einzusetzen sind.

Das *essential* ist in Teilen meinen Büchern „Die Marketing-Gleichung. Einführung in das prozess- und wertorientierte Marketingmanagement" (2. Aufl.) und „Die Unternehmensberatung. Von der strategischen Konzeption zur praktischen Umsetzung" (3. Aufl.) entnommen. Es hat die Zielsetzung, einen Beitrag zur Effizienzsteigerung im persönlichen Verkauf von erklärungsbedürftigen Produkten und Leistungen zu leisten.

Berlin
im Oktober 2015

Dirk Lippold

Inhaltsverzeichnis

Aufgabe und Ziel der Akquisition 1

1.1 Begriffliche Grundlagen

Im Wesentlichen sind es fünf Begriffe, die – da sie teilweise synonym behandelt werden – voneinander abgegrenzt werden: *Absatz, Vertrieb, Verkauf, Akquisition* und *Marketing*.

Als **Absatz** bezeichnet man die Endphase des innerbetrieblichen Güterflusses, der aus den betrieblichen Grundfunktionen Beschaffung, Produktion und Absatz besteht. Absatz bzw. **Absatzwirtschaft** ist im deutschsprachigen Raum der Vorläuferbegriff des Marketings, das aber als umfassendes Denk- und Handlungskonzept weit über den funktionsorientierten Begriff des Absatzes hinausgeht. Als Absatz wird darüber hinaus auch die Menge der im Unternehmen veräußerten Güter bezeichnet (als Abgrenzung zum wertmäßigen Begriff des **Umsatzes**) (vgl. Nieschlag et al. 1971, S. 6 f.).

Vertrieb wird häufig synonym mit dem Absatzbegriff verwendet, wenn sich auch bei Wortverbindungen gewisse Präferenzen für den Vertriebsbegriff herausgebildet haben (z. B. Vertriebskosten, Vertriebsvorstand). Auch dominiert der Vertriebsbegriff im *institutionellen* Sinne (Vertriebsbereich, Vertriebsabteilung, Vertriebsmitarbeiter etc.).

Zwischen **Verkauf** und Vertrieb wird im praktischen Sprachgebrauch insoweit unterschieden, dass sich der Verkauf allein auf den Vertrieb von *Sachgütern* bezieht, d. h. im Dienstleistungsbereich spricht man nahezu ausschließlich von Vertrieb (und nicht von Verkauf).

© Springer Fachmedien Wiesbaden GmbH, ein Teil von Springer Nature 2019
D. Lippold, *Akquisitionsgrundlagen im B2B-Bereich*, essentials,
https://doi.org/10.1007/978-3-658-25937-2_1

▶ Der Begriff **Akquisition** wird als Teil des Verkaufs (bzw. Vertriebs) angesehen und ist das Synonym für den persönlichen Verkauf (engl. *Personal Selling*). Zugleich ist die Akquisition ein Aktionsfeld der Marketing-Gleichung.

Während beim Vertrieb (bzw. Verkauf) auch die institutionelle Komponente angesprochen ist, bezieht sich der Akquisitionsbegriff ausschließlich auf die prozessuale Komponente.

Im Gegensatz zum Verkauf (bzw. Vertrieb), der nach der Fertigstellung eines Produkts stattfindet, beginnt **Marketing** bereits lange bevor das Unternehmen ein Produkt produziert hat. Ausgangspunkt des Marketings ist nicht das (fertige) Produkt, sondern die nachhaltige Befriedigung der Kundenwünsche. Dazu müssen Bedürfnisse identifiziert, in profitable Produktideen umgesetzt und diese über einen vom Markt honorierten Wettbewerbsvorteil angeboten werden.

Unter der Vielzahl der in der einschlägigen Literatur existierenden Marketing-Definitionen soll hier der umfassenden **Definition des Marketings** von Kotler et al. (2011, S. 39) gefolgt werden:

▶ „Marketing ist ein Prozess im Wirtschafts- und Sozialgefüge, durch den Einzelpersonen und Gruppen ihre Bedürfnisse und Wünsche befriedigen, in dem sie Produkte und andere Austauschobjekte von Wert anbieten (…) und miteinander tauschen."

Der Marketing-Begriff hat nahezu in alle Lebensbereiche Einzug gehalten. Die Bandbreite reicht dabei vom „klassischen" Konsumgütermarketing, über das Personalmarketing bis hin zum Gender-Marketing.

Die gängigsten Marketing-Wortverbindungen orientieren sich an der grundsätzlichen Produkt- bzw. Gütersystematik:

• Konsumgütermarketing,
• Industriegütermarketing (auch: Investitionsgütermarketing) und
• Dienstleistungsmarketing.

Vorreiter und nach wie vor das Zugpferd der Marketing-Idee ist das **Konsumgütermarketing.** Hier steht die Vermarktung von Ver- und Gebrauchsgütern an die Zielgruppe der Konsumenten im Fokus. Zehn, fünfzehn oder gar zwanzig Prozent des Umsatzes investieren Konsumgüterhersteller – und zwar zu Recht – allein in die Entwicklung der Marke(n) (vgl. Münzberg 2006, S. 27).

Gegenstand des **Industriegütermarketings** (der Begriff *Investitionsgüter-marketing* wird weitgehend synonym verwendet) ist die Vermarktung von Produkten an andere Unternehmen oder Organisationen, deren Beschaffungs-verhalten und -prozesse sich im Regelfall erheblich vom Kaufverhalten bei Konsumgütern unterscheiden. Zu den Anbietern auf dem Industriegütermarkt zählen u. a. der Maschinen- und Anlagenbau, die Zulieferindustrie und weite Bereiche der IT-und Kommunikationsindustrie.

Besonders in hoch entwickelten Industrieländern nimmt die Bedeutung von Dienstleistungen und damit auch die Bedeutung des **Dienstleistungsmarketings** ständig zu. Wichtige Anbieter des Dienstleistungssektors sind u. a. Banken, Ver-sicherungen, Transportunternehmen, Unternehmensberatungen, Wirtschaftsprüfungs-gesellschaften, Steuerberatungen, Werbeagenturen, Reinigungsunternehmen.

1.2   Abgrenzung zwischen B2B und B2C

Die hiermit getroffene Abgrenzung des relevanten Marktes nach Güterarten kann allerdings eine bedürfnisgerechte Gestaltung der Marketingaktivitäten zumeist nicht leisten. Dies hat – aus dem angelsächsischen Sprachraum kommend – zu einer Marketing-Typologie geführt, die sich an den unterschiedlichen Käufer- bzw. Abnehmergruppen orientiert:

- **Business-to-Consumer (B2C)**
- **Business-to-Business (B2B)**

Das B2C-Marketing wendet sich ausschließlich an den Endkonsumenten als Kunden, während sich das B2B-Marketing an Unternehmen und sonstige Orga-nisationen richtet (siehe Abb. 1.1). Die Stellung des Kunden im Wirtschaftsablauf ist somit das wesentliche Unterscheidungskriterium zwischen B2C und B2B. Mit dieser Einteilung lässt sich das unterschiedliche Kaufverhalten der einzel-nen Käufergruppen dahin gehend systematisieren, dass es typenübergreifend eine differenzierte, innerhalb eines Typs aber weitgehend einheitliche Aus-richtung der Marketingaktivitäten zulässt. Konkret bedeutet dies, dass sich die Marketing-Konzeptionen von Unternehmen, die schwerpunktmäßig B2C-Märkte ansprechen, teilweise grundsätzlich von denen der Unternehmen des B2B-Bereichs unterscheiden, sich innerhalb der jeweiligen Bereiche aber weitgehend ähneln.

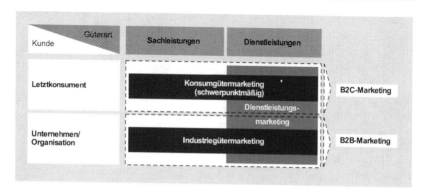

Abb. 1.1 Abgrenzung B2C- und B2B-Marketing. (Quelle: Backhaus und Voeth 2010, S. 6)

Das Konsumgütermarketing ist auf Endverbraucherebene nahezu ausnahmslos dem B2C-Marketing zuzuordnen. Die Bedarfsdeckung von Unternehmen und Organisationen mit Ver- und Gebrauchsgütern (z. B. für Betriebskantinen) kann vernachlässigt werden. Ebenso eindeutig ist die Zuordnung der Vermarktungsaktivitäten des Industriegüterbereichs zum B2B-Marketing. Homburg/Krohmer weisen überdies darauf hin, dass der Begriff des B2B-Marketings zunehmend den Begriff des Industriegütermarketings ersetzt. B2B-Marketing ist darüber hinaus breiter gefasst als das Industriegütermarketing, da es die Vermarktung von Konsumgütern gegenüber dem Handel und auch die Vermarktung von Dienstleistungen gegenüber organisationalen Kunden mit einbezieht (vgl. Homburg und Krohmer 2006, S. 332 unter Bezugnahme auf Backhaus und Voeth 2004; Baumgarth 2004; Kleinaltenkamp 2000). Insofern sind bspw. Marketingaktionen, die ein Konsumgüterhersteller mit dem Zentraleinkäufer einer Handelskette vereinbart, eindeutig dem B2B- und nicht dem B2C-Marketing zuzuordnen. Weniger eindeutig ist hingegen die Zuordnung des Dienstleistungsmarketings. Der Dienstleistungssektor ist geprägt von einer Vielfalt von Dienstleistungsarten, die entweder nur Personen (z. B. Friseurleistungen), nur Unternehmen/Organisationen (z. B. Unternehmensberatung) oder beiden Käufergruppen (z. B. Bank- und Versicherungsleistungen) angeboten werden.

Abb. 1.2 liefert eine Zuordnung der güterbezogenen Segmente zu den beiden Käufergruppen (Letztkonsumenten bzw. Unternehmen/Organisationen).

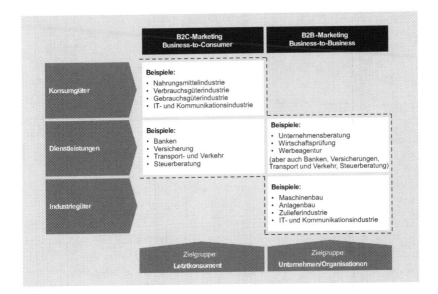

Abb. 1.2 Zuordnung der güterbezogenen Segmente zu B2C und B2B

1.3 Geltungsbereich

Die Akquisition ist die fünfte Prozesskomponente und damit das fünfte Aktionsfeld der Marketing-Gleichung, die sich aus den sechs Aktionsfeldern *Segmentierung, Positionierung, Kommunikation, Distribution, Akquisition* und *Betreuung* zusammensetzt (siehe Abb. 1.3) (zur ausführlichen Darstellung der Marketing-Gleichung siehe Lippold 2015b).

Ist im Rahmen des Aktionsfeldes *Distribution* die Kundenkontaktierung optimiert, so geht es in der *(persönlichen) Akquisition* darum, die vorhandenen Kundenkontakte zu qualifizieren und in Aufträge umzumünzen. Die Akquisition zielt damit auf die Optimierung der *Kundenakzeptanz:*

▷ **Kundenakzeptanz = f (Akquisition) → optimieren!**

Insbesondere bei erklärungsbedürftigen Produkten und Leistungen zählt der *persönliche Verkauf* zu den wirksamsten, aber zugleich auch zu den teuersten Kommunikationsinstrumenten.

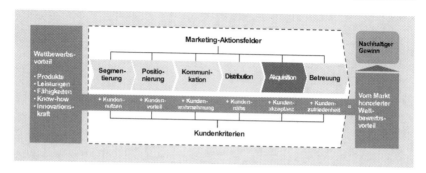

Abb. 1.3 Das Aktionsfeld Akquisition im Rahmen der Marketing-Gleichung. (© Dialog. Lippold)

In vielen Branchen ist die Akquisition – also der **persönliche Verkauf** (engl. *Personal Selling*) – hauptverantwortlich für den Markterfolg. Dies gilt aber nicht nur für die Vermarktung der allermeisten Produkte im B2B-Marketing, sondern auch beim Verkauf erklärungs- und beratungsbedürftiger Produkte gegenüber Privatkunden (z. B. Finanzdienstleistungen, Autos, Immobilien). Zudem kommt im Konsumgüterbereich der persönliche Verkauf überall dort besonders zum Tragen, wo die eigene Vertriebsorganisation im Rahmen der Distributionskanäle direkt auf den nächsten Verwender trifft. So muss ein Markenartikelhersteller bspw. mit dem Zentraleinkauf von Warenhäusern oder Handelsketten über Abnahmemengen sowie Preise und Konditionen verhandeln oder Jahresgespräche über Verkaufsförderungsaktionen führen. Solche Jahresgespräche zielen allerdings nicht auf den direkten Verkauf der Produkte. Sie sind vielmehr eine Vorstufe, um z. B. mit der Listung eines neuen Produkts in den Handelsbetrieben oder im Rahmen einer Weihnachtsaktion erst die Möglichkeit für das Herstellerunternehmen zu eröffnen, dass die Produkte in die Regale kommen und dann in größeren Stückzahlen verkauft werden können.

In Abb. 1.4 sind diese Schnittstellen, an denen der persönliche Verkauf auch für den Konsumgüterbereich von Bedeutung ist, besonders gekennzeichnet.

Die Durchführung der Akquisition, also des persönlichen Verkaufs, obliegt in funktionaler Hinsicht der Verantwortung der Verkaufsorganisation. Hier kommt die in der Praxis übliche organisatorische Trennung zwischen Marketing und Vertrieb zum Ausdruck – und zwar sowohl im B2C- als auch im B2B-Marketing.

So wird das **Marketing von Konsumgütern** vom Produkt- oder Brandmanagement unter Federführung der Marketingleitung wahrgenommen. Die häufig sehr personal- und kostenintensive Verkaufsorganisation, deren Kern

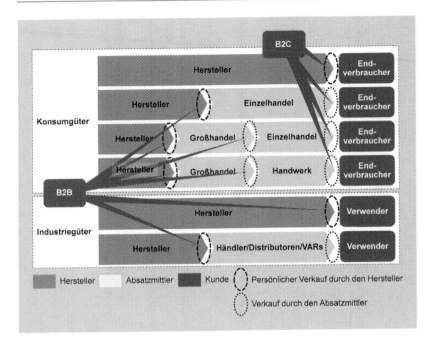

Abb. 1.4 Persönlicher Verkauf durch den Hersteller

sich aus Reisenden und Handelsvertretern des Außendiensts zusammensetzt, ist dagegen dem Vertriebsleiter unterstellt. Um das Kundenpotenzial bei Großkunden (z. B. Warenhäuser oder Ketten) optimal ausschöpfen zu können, sind Key Account Manager in Verbindung mit Category Managern ebenfalls der Vertriebsleitung zugeordnet (vgl. Runia et al. 2011, S. 286).

Im **B2B-Marketing** hängt – mehr noch als im B2C-Bereich – die konkrete Ausgestaltung von Marketing und Sales von der Größe des Unternehmens, der Beratungs- und Erklärungsbedürftigkeit der Produkte und Dienstleistungen und der individuellen Kundenstruktur ab. Während die strategischen Marketingfragen zumeist in der Geschäftsführung (teilweise mit externer Unterstützung von Beratern oder des Marketings) behandelt werden, liegen die operativen Marketingaufgaben mit dem Kampagnen- und Event-Management vollständig in der Verantwortung der Marketingleitung. Das Lead- und Kundenmanagement ist – mit Unterstützung der Key-Account-Manager – wiederum der Vertriebsleitung zugeordnet (siehe Abb. 1.5).

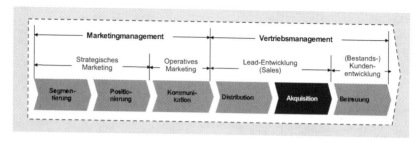

Abb. 1.5 Aufgabenzuordnungen in Verbindung mit der Marketing-Gleichung

1.4 Vorgehen

Um der besonderen Bedeutung des persönlichen Verkaufs gerecht zu werden, wird – wie oben bereits skizziert – die *Akquisition* als eigenständiges Aktionsfeld der Marketing-Gleichung behandelt. Dabei sollen u. a. folgende Fragen behandelt werden (vgl. Lippold 1998, S. 220):

- Welche Anforderungen sind an die Qualifikation der Vertriebsmitarbeiter zu stellen?
- Wie lässt sich die Effizienz des persönlichen Verkaufs steigern?
- Für welche Marketing-Aktivitäten sollte dieses teure Instrument eingesetzt werden?
- Wie lässt sich die Abschlussquote erhöhen?
- Wie kann der Akquisitionszyklus verkürzt werden?

Die wesentliche Aufgabe der Akquisition besteht darin, den kundenseitig verlaufenden Auswahl- und Entscheidungsprozess so zu beeinflussen, dass letztlich der Auftrag gewonnen wird.

Eine zweite Aufgabe des persönlichen Verkaufs besteht in der Pflege bestehender Kundenbeziehungen. Dies hat für den Anbieter deshalb eine besondere Bedeutung, weil der bereits erbrachte Nachweis der Leistungsfähigkeit sowohl für das **Folgegeschäft** (bei demselben Kunden) als auch für das **Neugeschäft** eine verkaufsauslösende Wirkung hat. Dieses sogenannte *Referenz-Selling* ist damit ein aktiver Bestandteil des Aktionsfeldes *Akquisition*.

Schließlich obliegt dem persönlichen Verkauf auch die Aufgabe, Informationen zu gewinnen. Der (potenzielle) Kunde ist als Informationsquelle für die

Marktforschung von ganz besonderer Bedeutung. Ob es sich dabei um Informationen über Leistungen, Aktionen und Vorgehen der wichtigsten Wettbewerber, um die Aufnahme spezifischer Kundenanforderungen oder um Informationen über bestimmte betriebswirtschaftliche oder technologische Ausrichtungen der Kundenunternehmen handelt, in jedem Fall bietet das Verkaufsgespräch eine Fülle von Ansatzpunkten für die Weiterentwicklung des eigenen Produkt- und Leistungsportfolios.

Grundsätzlich lässt sich festhalten, dass das Aktionsfeld *Akquisition* eine dominierende Stellung und Bedeutung in Firmenkundenmärkten (B2B) und weniger in Endkundenmärkten (B2C) hat, denn in B2B-Märkten sind Einkaufsentscheidungen deutlich komplexer und von längerer Dauer.

Akquisitionselemente

2

Ebenso wie das Marketing sind auch Systematik, Begriffe und Vorgehensweise des klassischen „Verkaufens" sehr stark von der englischsprachigen Literatur geprägt. Daher wird hier zunächst ein einheitliches Verständnis für Begriffe wie *Buying Center, Promotorenmodell, Selling Center, Targeting, Cross Selling* und *Key Accounting* geschaffen werden.

2.1 Buying Center

Bei wichtigen Beschaffungsvorhaben des Kunden wirken auf dessen Seite zumeist mehrere Personen als Entscheider oder Entscheidungsbeteiligte mit. Ein solches Gremium wird als **Buying Center** bezeichnet. Es weist den Beteiligten verschiedene Rollen im Hinblick auf die Auswahlentscheidung zu (vgl. Webster und Wind 1972, S. 72 ff.):

- **Initiatoren** (engl. *Initiator*) regen zum Kauf eines bestimmten Produktes an und lösen den Kaufentscheidungsprozess aus. Initiatoren müssen nicht zwingend die späteren Nutzer der Lösung sein, sondern können aus den verschiedensten betrieblichen Funktionsbereichen kommen. Initiatoren können IT-Manager oder -Mitarbeiter ebenso wie Anwendungsspezialisten, Vertriebs- oder Serviceleiter bzw. Mitarbeiter sein.
- **Informationsselektierer** (engl. *Gatekeeper*) strukturieren Informationen über das zu beschaffende Produkt vor, bringen diese in das Buying Center ein und steuern den organisationsinternen Informationsfluss. Diese Personengruppe ist häufig in den Fachbereichen, also denjenigen Bereichen, in denen das Produkt (die Lösung) zum Einsatz kommt, zu finden (z. B. Service-, Vertriebs-, Produktions- oder Marketingleiter).

© Springer Fachmedien Wiesbaden GmbH, ein Teil von Springer Nature 2019
D. Lippold, *Akquisitionsgrundlagen im B2B-Bereich*, essentials,
https://doi.org/10.1007/978-3-658-25937-2_2

- **Beeinflusser** (engl. *Influencer*) sind formal zwar *nicht* am Beschaffungsprozess beteiligt, verfügen aber als Spezialisten über besondere Informationen. Insbesondere über die Vorgabe gewisser Mindestanforderungen kann ihre (informelle) Teilnahme am Auswahlprozess mitentscheidend sein. Beeinflusser sind bspw. im Qualitätsmanagement oder in (Normen-)Ausschüssen zu finden.

- **Entscheider** (engl. *Decider*) sind jene Organisationsmitglieder, die aufgrund ihrer hierarchischen Position letztlich die Kaufentscheidung treffen. Das monetäre Volumen des Auftrags ist zumeist ausschlaggebend dafür, auf welcher Hierarchieebene die Auftragsvergabe entschieden wird (zumeist erste oder zweite Führungsebene).

- **Einkäufer** (engl. *Buyer*) besitzen die formale Kompetenz, Lieferanten auszuwählen und den Kaufabschluss zu tätigen. Sie führen die Einkaufsverhandlungen unter kaufmännischen und juristischen Aspekten. In größeren Organisationen gehören Einkäufer einer Beschaffungs- oder Einkaufsabteilung an.

- **Benutzer** (engl. *User*) sind schließlich jene Personen, die die zu beschaffenden Güter und Dienstleistungen einsetzen bzw. nutzen werden. Da ein Einsatz gegen den Widerstand der User nur sehr schwer durchsetzbar ist, haben diese Organisationsmitglieder eine Schlüsselstellung im Rahmen des Auswahl- und Entscheidungsprozesses.

Buying Center bilden sich informell und sind in der Regel nicht organisatorisch verankert. Daher sind Umfang und Struktur dieses Einkaufsgremiums auch nur sehr schwer zu erfassen. Es lässt sich aber die These vertreten, dass die Anzahl der jeweils Beteiligten am Buying Center im Wesentlichen von folgenden Faktoren abhängt (vgl. auch Menthe und Sieg 2013, S. 75):

- Wert bzw. Größe und Komplexität des Beschaffungsobjektes
- Einfluss des zu beschaffenden Produkts bzw. der Problemlösung auf Prozesse und Organisation
- Informationsbedarf über das Investitionsobjekt
- Unternehmensgröße
- Art und Ausprägung des Einkaufsprozesses (zentral/dezentral organisierter Einkauf, Anzahl der benötigten Unterschriften)
- Unternehmenskultur bezüglich Innovationen und Entscheidungsfindung.

Auch kann nicht festgeschrieben werden, ob teilweise mehrere Rollen von einer Person und ob die einzelnen Rollen teilweise von mehreren Personen wahrgenommen werden. Empirische Untersuchungen haben aber gezeigt, dass die Funktion der einzelnen Rollen vom Grundsatz her bei jeder komplexen Beschaffungsmaßnahme ausgeübt wird (vgl. Lippold 1998, S. 135).

2.2 Selling Center

Den teilweise sehr hohen Anforderungen beim Vertrieb von komplexen und höchst erklärungsbedürftigen Investitionsvorhaben kann der Verkäufer in aller Regel nicht mit gleicher Qualität entsprechen. Häufig ist es dann die *Geschäftsführung* selbst, die evtl. vorhandene Defizite im Qualifikationsprofil durch ihre hierarchische Stellung wettmachen kann. Eine weitere Möglichkeit ist darin zusehen, dem Vertriebsmanagement (Vertriebsleiter) Spezialisten, z. B. für systemtechnische oder konzeptionelle Fragen, an die Seite zu stellen. Mit dieser *Teambildung* kann man dem vielfältigen Informationsanspruch der Einkaufsseite ein entsprechendes Gewicht auf der Verkaufsseite gegenüber stellen. Diese multipersonale Form des Verkaufsteams wird auch als **Selling Center** bezeichnet (vgl. Backhaus und Voeth 2010, S. 37 ff.).

Teammitglieder im Vertrieb von komplexen Produkten und Leistungen können Verkäufer, Key Account Manager, System- und Anwendungsspezialisten, Juristen und/oder Finanzierungsfachleute sein. In Abb. 2.1 sind die Teammitglieder des *Buying Centers* den entsprechenden Vertriebsrepräsentanten des *Selling Centers* beispielhaft gegenübergestellt (vgl. Bänsch 2002, S. 207 ff.).

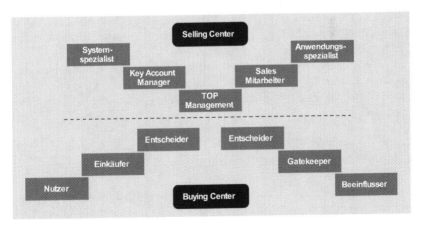

Abb. 2.1 (Modellhafte) Gegenüberstellung von Buying Center und Selling Center. (Quelle: Lippold 2015a, S. 356)

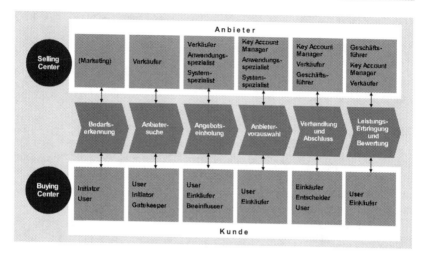

Abb. 2.2 Buying Center und Selling Center im Akquisitionsprozess (Beispiel). (Quelle: in Anlehnung an Menthe/Sieg 2013, S. 76)

Die Darstellung kann als typisch für die meisten größeren Akquisitionsprozesse besonders im Geschäft mit komplexen Produkten und Leistungen (z. B. High Tech-Produkte, Anlagen, Systeme) angesehen werden. Eine etwas vereinfachte Form des Selling Centers ist die Bildung eines **Tandems,** bestehend aus einem Kunden- und einem Konzept- bzw. Fachmanager oder aus einem anwendungsorientierten und einem systemorientierten Verkäufer. Der Vorteil einer solchen Tandemlösung liegt in der Einsparung von Kosten unter Aufrechterhaltung eines arbeitsteiligen Vorgehens.

In Abb. 2.2 sind Anbieter- und Kundenseite im Akquisitionsprozess mit ihren jeweiligen Center-Mitgliedern beispielhaft dargestellt. Dabei wird deutlich, dass sich in Abhängigkeit der Prozessphase die Zusammensetzung des jeweiligen Centers ändern kann.

2.3   Promotoren und Opponenten

Bei Investitionsprojekten, die einen nicht unerheblichen Einfluss auf das Veränderungsmanagement (engl. *Change Management*), also auf Struktur und Prozesse des beschaffenden Unternehmens haben, können die Akteure des Buying Center auch nach **Promotoren** oder **Opponenten** unterschieden werden, je nachdem, ob sie das Beschaffungsobjekt (z. B. Einführung eines ERP-Systems) eher fördern und unterstützen oder eher behindern und verlangsamen. Je nach Art des Einflusses im Buying Center können Promotoren bzw. Opponenten weiter unterteilt werden (vgl. Homburg und Krohmer 2009, S. 143 f.):

- **Machtpromotoren bzw. -opponenten** beeinflussen das Buying Center aufgrund ihrer hierarchischen Stellung in der Organisation.
- **Fachpromotoren bzw. -opponenten** haben Einfluss aufgrund ihrer entsprechenden fachlichen Expertise und ihres besonderen Informationsstands.
- **Prozesspromotoren bzw. -opponenten** beeinflussen den Entscheidungsprozess aufgrund ihrer formellen und informellen Kommunikationsbeziehungen in der Organisation. Sie unterstützen bzw. behindern den Kaufprozess, in dem sie organisatorische und fachliche Barrieren überwinden oder errichten und Verbindungen zwischen Macht- und Fachpromotoren bzw. -opponenten herstellen.

Abb. 2.3 gibt einen Überblick über Beziehungen und Beiträge von Macht-, Prozess- und Fachpromotoren. Es soll nicht unerwähnt bleiben, dass sich die Promotoren- bzw. Opponentenrolle sowohl auf den Beschaffungsvorgang insgesamt (also auf die Problemlösung an sich) als auch auf bestimmte Auswahlalternativen (also auf das Produkt A oder B) beziehen kann. Die Kenntnis der Rollenstruktur und die Identifikation der verschiedenen Akteure eines Buying Center stellen zentrale Ansatzpunkte für das B2B-Marketing dar. Insbesondere die unterschiedlichen

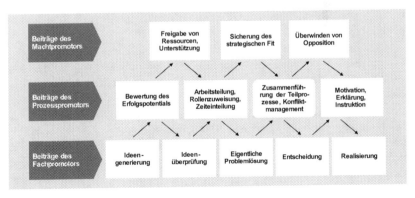

Abb. 2.3 Beziehungen und Funktionen von Macht-, Prozess- und Fachpromotoren. (Quelle: Reger 2009, S. 26)

Vorgehensweisen und Maßnahmen im Rahmen des Aktionsfeldes *Akquisition* sollten sehr stark geprägt sein von den unterschiedlichen Bedürfnissen und Anforderungen der verschiedenen Akteure im Buying Center.

Bei den Mitgliedern der *Geschäftsleitung* handelt es sich in erster Linie um Machtpromotoren, die über das hierarchische Potenzial verfügen, um eine Beschaffungsentscheidung durchzusetzen. In kleineren Kundenunternehmen ist dies der Unternehmer selbst bzw. die Geschäftsführung, in größeren Unternehmen das Management der ersten und zweiten Führungsebene.

Bei Kundenunternehmen mit einer eigenen IT-Abteilung kann das *IT-Management* ein wichtiger Fach- aber auch Machtpromotor sein, den der Anbieter in jedem Fall in seinen Akquisitionsprozess einzubeziehen hat. Diese Zielpersonen sind ständig darum bemüht, alle technisch-wirtschaftlichen Details aufzunehmen, die sie in die Lage versetzen, mit dieser spezifischen Energie auf Entscheidungs- und Innovationsprozesse einzuwirken (vgl. Strothmann und Kliche 1989, S. 81).

Gemeinsam mit dem IT-Management sind auch die Zielpersonen der *Fachabteilungen* der Gruppe der Fachpromotoren zuzuordnen. Sie bereiten nicht nur den Entscheidungsprozess vor, sondern sie sind letztendlich auch die Personengruppe, die die auszuwählende Problemlösung nutzen soll.

2.4   Targeting, Cross Selling und Key Accounting

Die gezielte Auswahl und Bestimmung von Unternehmen, die einem bestimmten zielgruppen-orientierten Profil entsprechen wird als **Targeting** bezeichnet. Das Besondere an einem Targetingprozess ist die systematische Herangehensweise und das gezielte Nachfassen unter bestimmten Vorgaben, sodass auch das Ergebnis entsprechend gemessen werden kann.

Unter **Cross Selling** wird die Ausdehnung der bestehenden Kundenbeziehung bzw. der Produktverkäufe einer Geschäftseinheit des Anbieters auf die Produkte und Leistungen anderer (benachbarter) Geschäftseinheiten des Anbieters verstanden.

Absatz-, Umsatzerfolg und Gewinn des Unternehmens hängen häufig stark davon ab, ob es gelingt, bestimmte **Schlüsselkunden** (engl. *Key Accounts*) zu gewinnen und zu halten. Mit solchen Schlüsselkunden (= Großkunden) wird ein nicht unbeträchtlicher Teil des Gesamtumsatzes erzielt. Die Analyse-, Planungs-, Verhandlungs-, Steuerungs- und Koordinationsprozesse, die im Zusammenhang mit der Betreuung von Schlüsselkunden durchzuführen sind, werden als **Key Accounting** bezeichnet. Diese Aufgaben werden vom sogenannten *Key Account*

Manager wahrgenommen. Das *Key Account Management* zählt somit zu den wichtigsten Aufgaben des Aktionsfeldes *Akquisition* (vgl. Becker 2009, S. 542 f.). In Abb. 2.4 sind die unterschiedlichen Zielrichtungen beim Targeting, Cross Selling und Key Accounting am Beispiel eines Unternehmens mit zwei strategischen Geschäftseinheiten dargestellt.

Der **Key Account Manager** koordiniert den Akquisitionsprozess bei den **Key Accounts,** also bei Kunden, mit denen das Unternehmen einen besonders hohen Umsatz erzielt bzw. erzielen will oder die von strategischer Bedeutung für das Unternehmen sind (→ **Schlüsselkunde** [engl. *Key Account*]). Dazu gewinnen Key Account Manager Neukunden, betreuen Bestandskunden und bauen die Beziehung zu Schlüsselkunden aus. Key Account Manager können einen oder mehrere Schlüsselkunden, aber auch ein einzelnes Kundensegment betreuen. Ihr Einsatzgebiet ist der Vertrieb von Produkten und Dienstleistungen. Key Account Management wird in der Konsumgüter- und Investitionsgüterindustrie sowie auch im Dienstleistungsbereich betrieben. Die Einrichtung eines Key Account Managements ist immer dann sinnvoll, wenn die Größe des Kunden (Nachfrage) oder sein Wert (Kundenwert) als Umsatzträger, Referenz und/oder Multiplikator entsprechend ist.

Merkmale des Key Account Managements sind eine kundenorientierte Einstellung, differenzierte Bearbeitungsformen, spezielle Organisationsformen oder

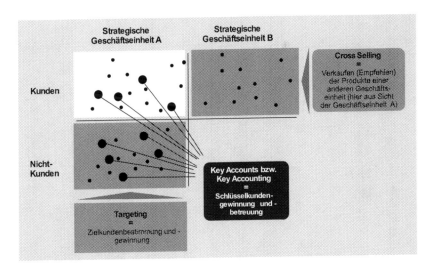

Abb. 2.4 Wichtige Akquisitionsbegriffe

Arbeitsmethoden und -techniken. Der Key Account Manager ist der persönliche Ansprechpartner für den Kunden. Er berät den Kunden und handelt mit ihm Verträge aus. Dazu sammelt der Key Account Manager Informationen über die Interessen und Anforderungen seines Kunden, sodass er ihn bei der Verbesserung der bestehenden Produkte und Dienstleistungen, bei der Optimierung von Geschäftsprozessen und bei der Strategie- und Zukunftsplanung unterstützen kann. Eine solche Unterstützungsleistung setzt naturgemäß ein vertrauensvolles Verhältnis zwischen Key Account Manager und dem Kunden voraus.

Der Key Account Manager setzt sich mit anderen Bereichen seines Unternehmens, die im Kontakt mit dem Schlüsselkunden stehen, für die Interessen des Key Accounts ein. Der Key Account Manager kennt also die Zuständigkeiten im Unternehmen und koordiniert die Prozesse. Sollten die Anliegen des Kunden andere Stellen im Unternehmen betreffen, zum Beispiel Mitarbeiter aus dem Buying Center, vermittelt der Key Account Manager zwischen dem Kunden und der richtigen Stelle. Der Key Account Manager bündelt also alle Aktivitäten des Key Accounts.

Kaufmotive, emotionaler Nutzen und vertriebliche Qualifikation

Die Verhaltensökonomie, die menschlichen Schwächen und den Einfluss von Emotionen auf ökonomische Entscheidungen berücksichtigt, bildet die Realität nicht nur in den B2C-, sondern auch in den B2B-Märkten wesentlich besser ab als das „klassische" Modell der Wirtschaft, das besagt, dass am Markt rational gehandelt sowie überlegt und vernünftig entschieden wird. Spätestens seit dem **neurowissenschaftliche Erkenntnisse** Einzug in das konventionelle Marketing gehalten haben, weiß man, dass **Emotionen** einen großen Einfluss auf das Kaufverhalten haben und dass Emotionen – auch in den B2B-Märkten – mehr und mehr die Vernunft und das bewusste Handeln als entscheidende „Kauffaktoren" abgelöst haben.

3.1 Limbisches System

Hirnforscher können heutzutage anhand bildgebender Verfahren erkennen, wie eine Entscheidung (z. B. eine Kaufentscheidung) ausfallen wird, noch bevor sie im Denkhirn ankommt und schließlich verkündet wird. Die Bilder (Scans) zeigen, welche Areale in den emotionalen Zentren des Gehirns bei der Entscheidung für ein Produkt stimuliert werden. Sie beobachten dabei vor allem die Aktivierung von Hirnarealen im limbischen System. Das limbische System, zu dem eine Reihe unterschiedlicher Strukturen in verschiedenen Hirnregionen gehören, ist das wahre innere Machtzentrum des Menschen und hat wesentlich größeren Einfluss auf das menschliche Verhalten, als das Groß- oder Denkhirn.

© Springer Fachmedien Wiesbaden GmbH, ein Teil von Springer Nature 2019
D. Lippold, *Akquisitionsgrundlagen im B2B-Bereich*, essentials,
https://doi.org/10.1007/978-3-658-25937-2_3

▶▶ Das **limbische System** ist ein Sammelbegriff für das Entstehen von positiven und negativen Gefühlen, für die Gedächtnisorganisation sowie die Aufmerksamkeits- und die Bewusstseinssteuerung. Im limbischen System liegen die vitalen Bedürfnisse des Menschen wie Atmung, Schlaf, Nahrung und Sexualität (vgl. Häusel 2011, S. 22 f.).

Alle Entscheidungen des Menschen durchlaufen, bevor sie ins Bewusstsein gelangen und endgültig gefällt werden, das limbische System und werden dort emotional markiert. Somit ist das limbische System auch zuständig für das Ja oder Nein. Das Interessante dabei ist, dass nahezu alle Reize, die ständig auf das Gehirn einprasseln, verarbeitet werden, ohne dass sich der Mensch dessen auch nur ansatzweise bewusst ist. Die Prozesse, die dafür im Hirn benötigt werden, sind gebahnt. So wie ein Weg, der routinemäßig begangen wird (vgl. Schüller 2010, S. 2 ff.).

3.2 Konsequenzen für Kaufentscheidungen

Basierend auf der Erkenntnis, dass alle wesentlichen Entscheidungen, die ein Kunde trifft, emotional sind, können verschiedene **Motiv- und Emotionssysteme** des Menschen für das Marketing nutzbar gemacht werden.

Im Mittelpunkt stehen dabei Emotionsfelder wie Balance, Dominanz und Stimulanz, die sich um die oben genannten Grundbedürfnisse wie Steuerungselemente gruppieren. Daraus ergeben sich die drei großen Hauptsysteme:

- Balance-System
- Dominanz-System und
- Stimulanz-System.

Während das Dominanz- und das Stimulanz-System auf Zukunft und Expansion gerichtet sind, zielt das Balance-System auf Erhaltung und Sicherung des Bestehenden. Nimmt man dann noch die „Mischsysteme" zwischen den drei Hauptsystemen, nämlich

- Abenteuer/Thrill (zwischen Dominanz und Stimulanz),
- Fantasie/Genuss (zwischen Stimulanz und Balance) sowie
- Disziplin/Kontrolle (zwischen Balance und Dominanz)

hinzu und ordnet diesen sechs limbischen Grundsystemen jeweils entsprechende Kaufmotive zu, so ergibt sich die in Abb. 3.1 vorgenommene Zuordnung. Diese Systeme fallen in den Zuständigkeitsbereich des limbischen Systems und sind bei jedem Menschen unterschiedlich stark ausgeprägt. Dementsprechend sind die Motiv- und Emotionssysteme entscheidende Faktoren dafür, welche Produkte und Marken für uns eine Belohnung darstellen bzw. welche einen Kaufwunsch in uns auslösen (→ Aktivierung des „Haben-Wollens").

Je nach dem, in welchem Verhältnis die einzelnen Motiv- und Emotionssysteme beim Menschen ausgeprägt sind, kommt es zur Bestimmung der Persönlichkeit. So ist beispielsweise ein Mensch mit einer starken Ausprägung des Stimulanz-Systems ein eher aktiver, spontaner und neugieriger Mensch, wohingegen ein überwiegend von dem Balance-System beeinflusster Mensch zurückhaltend und vorsichtig ist.

Für die Akquisition bedeutet dies, das jeweils dominierende Motiv- und Emotionsfeld anzusprechen, um das Gehirn zu aktivieren und Kaufreize auszulösen. Hierfür sind wiederum die Kenntnisse über Kaufmotive relevant und die Verknüpfung mit gehirngerechten Formulierungen. Dazu gehört, Verkaufsargumente im direkten Kundenkontakt im Sinne des Neuromarketings exakt auf den Kunden abzustimmen. Auf diese Weise kann sofort eine positive Reaktion hervorgerufen werden. Der Schlüssel zum hirngerechten Marketing ist eine tiefgehende Kundenorientierung, denn sie bedeutet, dem Kunden genau zuzuhören.

Grundsystem (Limbische Instruktion)	Ausprägung (äußert sich in …)	Entscheidendes Kaufmotiv (beim Kunden anzusprechen …)
Dominanz	Konkurrenzwille, Macht, Anerkennung, Ruhm, Erfolg, Ehrgeiz, Karriere, Leistung	Anerkennung
Balance	Geborgenheit, Tradition, Qualität, Gesundheit	Geld und Sicherheit
Stimulanz	Neugier, Entdeckung, Erforschung, Abwechslung, Kreativität, Humor	Neugier
Disziplin/Kontrolle (Dominanz mit Balance)	Diszipliniertes Verhalten, Präzision, Hartnäckigkeit, Logik, Zuverlässigkeit	Soziales und Gesundheit
Fantasie/Genuss (Balance mit Stimulanz)	Tolerantes Verhalten, Offenheit, Bequemlichkeit	Entlastung
Abenteuer/Thrill (Stimulanz mit Dominanz)	Abenteuergeist, Impulsivität, Rebellion, Risikofreude, Spontaneität	Entdeckung

Abb. 3.1 Limbische Instruktionen und Kaufmotive. (Quelle: in Anlehnung an Obers Tebrink 2013, S. 62)

3.3   Rationaler vs. emotionaler Nutzen

Nicht die reinen Vorteile eines Produktes stehen beim Kaufakt im Vordergrund. Der Verkauf in der heutigen Zeit läuft (zuerst) über die Person des Verkäufers und (dann) über die **Kaufmotive** und Wünsche des Kunden. Wichtig für den Kunden ist der **emotionale Nutzen.** Daher ist das Hauptziel der Akquisition, Problemlösungen und „gute Gefühle" zu verkaufen. Menschen kaufen in Wirklichkeit Anerkennung, Sicherheit oder Entlastung – also den persönlichen Nutzen und nicht das Produkt! Letztlich geht es beim „Verkaufen" also darum, den rein fachlichen Nutzen einer Problemlösung oder eines Produktes mit den individuellen Motiven der Zielpersonen zu belegen (siehe hierzu auch Abschn. 5.5 „Nutzenargumentation").

Allerdings erscheint es plausibel zu sein, dass der Anteil des **rationalen Nutzens** bei Kaufentscheidungen mit hohem bis sehr hohem Budget im Firmenkundengeschäft (B2B) deutlich höher ist als im Endkundengeschäft (B2C) liegt. Abb. 3.2 veranschaulicht diese These, in dem auf der Ordinate aufsteigend von rational bis emotional folgende Kaufmotive abgetragen sind: Sicherheit – Qualität – Gewinn – Entdeckung – Anerkennung – Freude. Auf der Abszisse ist aufsteigend die Höhe des Budgets, über das die Kaufentscheidung getroffen werden soll, vermerkt.

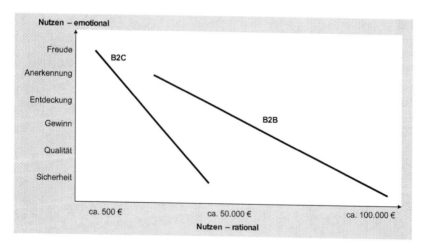

Abb. 3.2 Rationaler und emotionaler Nutzen. (Quelle: in Anlehnung an Menthe und Sieg 2013, S. 65)

3.4 Vertriebliche Qualifikation

Neben dem Wissen um die Bedeutung des emotionalen Nutzens für den persönlichen Verkauf sehen sich Vertriebsmitarbeiter in B2B-Märkten mit stetig steigenden Ansprüchen des Kunden an Beratungswissen, zusätzlichen Dienstleistungen, Wissen über Technologien, Märkte, Innovationen und nicht zuletzt an das Produkt bzw. die Dienstleistung selbst konfrontiert. Von Vertriebsorganisationen und Verkäufern wird also zunehmend gefordert, zusätzlich zum Verkaufs-Know-how die Aufgaben eines Knowledge-Managers zu übernehmen.

Insofern machen alle bislang genannten vertrieblichen Aufgaben nur ansatzweise deutlich, welche vergleichsweise hohen Anforderungen an die Qualifikation des Vertriebsmanagements zu stellen sind. Insbesondere im Geschäft mit komplexen Produkten und Leistungen (Anlagen, Systeme, Projekte) ist neben dem erforderlichen betriebswirtschaftlichen Anwendungswissen auch ein sehr fundiertes systemtechnisches Know-how erforderlich. Da derartige Ansprüche meist schon bei Kontaktaufnahme an den Verkäufer gestellt werden, müssen die Anbieter darauf bedacht sein, dass gleich zu Beginn des Auswahl- und Entscheidungsprozesses die Kompetenz des Verkäufers eine Assoziation zur Leistungsstärke des Anbieterunternehmens auf dem Gebiet der nachgefragten Problemlösung auslöst. In diesem Kontext ist auch die Erfahrung einzuordnen, dass der Verkäufer die Sache (also das Produkt) zunächst immer über die (eigene) Person verkauft (vgl. Lippold 1993, S. 233).

Zu dem fachlichen Informationsanspruch, den die Entscheidungsgremien auf der Kundenseite an den Vertrieb stellen, kommen – und dies gilt auch für die Vermarktung von Konsumgütern mit großem Auftragsvolumen – noch die typischen kaufmännischen Gesprächsthemen wie Preise, Fertigstellungstermine, Zahlungsmodalitäten bis hin zu juristischen Feinheiten der Angebots- und Vertragsgestaltung hinzu.

Neben der Fachkompetenz (→ Fachebene) hängt der Erfolg des persönlichen Verkaufs auch von den interaktionsbezogenen Fähigkeiten (→ Beziehungsebene) des Verkäufers ab. Ein wichtiger Erfolgsfaktor ist dabei die angemessene Veränderung des Verkäuferverhaltens innerhalb einer Interaktion mit dem Kunden. Eine derartige flexible Vorgehensweise während des Verkaufsgesprächs wird auch als **Adaptive Selling** bezeichnet (vgl. Homburg und Krohmer 2009, S. 867 ff.).

So müssen **Key Account Manager** nicht nur über das entsprechende Fachwissen (Produkte und deren Nutzen, Branchen- und Marktkenntnisse, kaufmännisches Wissen) verfügen, sondern auch auf der Beziehungsebene entsprechende soziale Kompetenzen vorweisen.

In Abb. 3.3 sind die entsprechenden Kompetenzen eines Key Account Managers beispielhaft in einer Matrix zusammengestellt.

Ein weiterer Ansatz zur systematischen Einordnung des Verkäuferverhaltens bzw. des Verkaufsstils ist in dem sogenannten **GRID-System** zu sehen. In diesem „Verkaufsgitter" werden die unterschiedlichen Ausprägungen im Verkaufsstil auf der Basis der beiden Kriterien Verkaufsorientierung und Kundenorientierung erfasst. Das Kriterium **Kundenorientierung** beschreibt das Bemühen um den Kunden als sozio-emotionale Orientierung, das Kriterium **Verkaufsorientierung** zeigt als sachlich-rationale Orientierung das Interesse am Kaufabschluss auf. Beide Kriterien werden mit ihren unterschiedlichen Ausprägungen mit jeweils neun Stufen auf zwei Achsen erfasst. Somit lassen sich theoretisch 81 verschiedene Verkaufsstile abbilden.

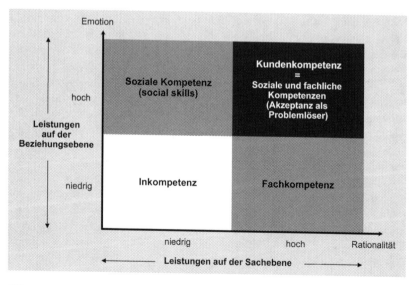

Abb. 3.3 Kompetenzen des Key Account Managers

Abb. 3.4 zeigt eine vereinfachte Darstellung dieses Verkaufsgitters. Das dargestellte Verkaufsgitter ist eine Sonderform des **Verhaltens-gitter-Modells** (engl. *Managerial Grid*), das 1960 von Robert Blake und Jane Mouton im Rahmen eines Führungstrainings für EXXON entwickelt wurde. Während Blake und Mouton ausschließlich die Position 9.9 als erstrebens-wert ansehen, ist doch die Frage zu stellen, ob ein Verkaufsstil 9.9 überhaupt praktizierbar ist. Eher lässt sich die These vertreten, dass erfolgreiche Vertriebs-arbeit durch einen Verkaufsstil gekennzeichnet ist, der rechts der Diagonalen zwi-schen den Positionen 1.9 und 9.1 liegt. Ohnehin ist grundsätzlich zu fragen, ob zweidimensionale Erklärungsansätze generell in der Lage sind, die Komplexität von Verkaufsprozessen abzubilden, ohne die situativen Rahmenbedingungen zu berücksichtigen (vgl. Steinmann und Schreyögg 2005, S. 662 f.; Hungenberg und Wulf 2011, S. 371).

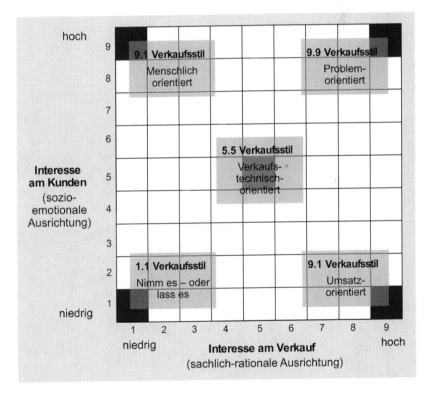

Abb. 3.4   Das Verkaufsgitter (GRID-System). (Quelle: Blake und Mouton 1972, S. 14)

Akquisitionszyklus

4

Der **Akquisitionszyklus** (engl. *Sales Cycle*) befasst sich mit den vertrieblichen Aktivitäten innerhalb eines Zeitraumes, der sich vom Erstkontakt mit einem Interessenten bzw. Kunden bis zum Auftragseingang oder der Ablehnung eines Angebotes erstreckt. Der Akquisitionszyklus ist kein standardisierter Prozess, sondern kann von Branche zu Branche, von Unternehmen zu Unternehmen und von Kunden zu Kunde unterschiedlich sein. Die Verschiedenheit betrifft die Inhalte, aber auch die Dauer. So ist ein relativ langer Akquisitionszyklus das besondere Merkmal von stark erklärungs- und unterstützungsbedürftigen Produkten. Neben Entscheidungstragweite und Risiko dürfte die Länge des Akquisitionszyklus auch von der Anzahl der am Entscheidungsprozess beteiligten Personen (bzw. von der Größe des Buying Center) abhängen. Im Geschäftskundenbereich und bei Systemprodukten kann der Sales Cycle durchaus mehrere Monate oder auch ein Jahr dauern (vgl. Lippold 1993, S. 233).

Die beiden Prozesse, die den Akquisitionszyklus bestimmen, sind der **Leadmanagement-Prozess** sowie der eigentliche **Akquisitionsprozess,** wobei die Grenze zwischen dem Leadmanagement und den nachfolgenden Sales-Prozessen, die zuweilen auch als **Opportunity Management** bezeichnet werden, nicht klar zu ziehen ist.

Abb. 4.1 gibt einen Überblick über die verschiedenen Begrifflichkeiten und Prozesse im Vertriebsmanagement.

© Springer Fachmedien Wiesbaden GmbH, ein Teil von Springer Nature 2019   27
D. Lippold, *Akquisitionsgrundlagen im B2B-Bereich*, essentials,
https://doi.org/10.1007/978-3-658-25937-2_4

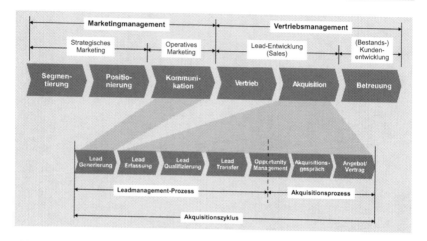

Abb. 4.1 Begrifflichkeiten und Prozesse im Vertriebsmanagement. (© Dialog.Lippold)

4.1 Leadmanagement

In Anlehnung an das englische Wort „Lead", das für Hinweis oder Anhaltspunkt steht, wird die systematische Kundenidentifizierung und -verfolgung als Leadmanagement bezeichnet. Dabei ist das Leadmanagement nicht auf Interessenten bzw. Neukunden beschränkt, denn auch bei bestehenden Kunden können sich neue Geschäftspotenziale ergeben.

▶ **Leadmanagement** ist die Generierung, Qualifizierung und Priorisierung von Interessenbekundungen der Kunden mit dem Ziel, dem Sales werthaltige Kontakte bereitzustellen (vgl. Leußer et al. 2011, S. 632).

Der Leadmanagement-Prozess umfasst die Stufen

* Lead Generierung,
* Lead Erfassung,
* Lead Qualifizierung und
* Lead Transfer (Übergang des Leads in den Vertrieb zur Kundengewinnung).

Die erste Phase im Prozess ist die **Lead Generierung.** Hier werden erste Informationen von Interessenten gesammelt werden, die als Ausgangspunkt für eine Kundengewinnung dienen. Zur Erstellung eines Leads kommt es über verschiedene Kontaktkanäle, wie z. B. Web, Telefon, E-Mail, Filialen, Marketing-Kampagnen etc. Initialzündung der Lead Generation ist somit das Kampagnen-Management, für das das Marketing (und nicht der Vertrieb) verantwortlich zeichnet (vgl. Bitkom 2010, S. 18 f.). Über diese Kanäle erhält das Unternehmen die Daten des Interessenten (Anschrift, Branche, Unternehmensgröße etc.). Je nach Channel der Werbekampagne erfolgt die Antwort des Kunden auf unterschiedliche Weise (Ausfüllen von Web-Formularen oder gedruckten Antwortkarten, Anrufe bei einer Hotline, Besuche in einer Filiale etc.). Diese Daten werden in der **Lead Erfassung** zusammengetragen.

Nach der Lead Erfassung reichert der Vertrieb die Leads mit weiteren Informationen wie demografische und psychografische Daten an. Im Rahmen der **Lead Qualifizierung** erfolgt eine Klassifizierung der Leads nach der Dringlichkeit der Bearbeitung. Besonders wichtig ist auch eine Einschätzung der Abschlusswahrscheinlichkeit. Damit sollen die wirklich ernsthaften Kontakte herausgefiltert werden. Der mangelhafte Erfolg vieler Vertriebsorganisationen gerade im Geschäft mit komplexen Produkten und Leistungen (B2B) ist ganz offensichtlich darauf zurückzuführen, dass ein Großteil der teuren Vertriebsressourcen mit der Verfolgung sogenannter „Luftnummern" vergeudet wird. Nur durch eine gezielte Qualifizierung der Kontakte, in der bewusst Schwellenwerte gesetzt werden, lassen sich Akquisitionen kostengerechter und damit rentabel gestalten.

Eine gute Möglichkeit für eine Qualifizierung von Kontakten ist die ABC-Analyse, die in Abb. 4.2 dargestellt ist. In dem Beispiel dienen der Status des Akquisitionsprozesses, das voraussichtliche Datum der Auftragserteilung und die Einschätzung der eigenen Chancen als Kriterien und damit als Schwellen für die jeweilige Bewertung und Einstufung der Kontakte.

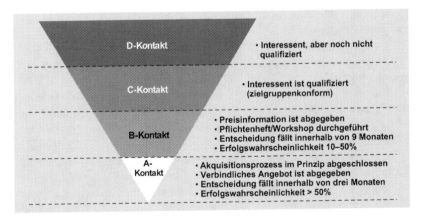

Abb. 4.2 ABC-Analyse bestehender Kontakte im B2B-Bereich (Beispiel). (© Dialog.Lippold)

Die im Marketing generierten und im Vertrieb qualifizierten Kontakte müssen nun in den Sales Prozessen weiterbearbeitet werden. Dazu ist es erforderlich, die Leads an diejenigen Vertriebsmitarbeiter weiterzuleiten, die diese bearbeiten sollen (**Lead Transfer**).

4.2 Opportunity Management

Sales Prozesse gliedern sich in das Opportunity Management sowie das Angebots- und Auftragsmanagement. Teilweise wird das Opportunity Management aber auch dem Leadmanagement zugerechnet und als **Lead Verfolgung** bezeichnet.

▶ Das **Opportunity Management** beschreibt die systematische Identifikation und Nutzung konkreter Verkaufschancen (engl. Opportunities) mit dem Ziel, diese zu bearbeiten und in ein Angebot und einen Auftrag zu verwandeln (vgl. Jost 2000, S. 334).

Letztlich geht es im Opportunity Management also darum, die Leads zeitnah in Abschlüsse umzumünzen. Nimmt der Vertrieb bspw. zu spät mit den Interessenten Kontakt auf, kann sich die sogenannte **Konversionsrate** (engl. *Conversion Rate*), d. h. die Quote der Geschäftsabschlüsse im Vergleich zu allen Leads, deutlich verschlechtern. Daher haben stark vertriebsorientierte Unternehmen elektronische Eskalationssysteme für Fristüberschreitungen installiert. Das Opportunity Management unterstützt die Vertriebsmitarbeiter durch Analysen zum Status einer Opportunity, der jederzeit abgefragt werden kann, um einen aktuellen Gesamtüberblick über bestehende Verkaufschancen (Abschlusswahrscheinlichkeiten, erwartetes Abschlussvolumen und -datum) zu erhalten. Unterstützt werden die Vertriebsmitarbeiter durch grafische Pipeline-Analysen, in denen die einzelnen Opportunities in den verschiedenen Stufen des Akquisitionszyklus dargestellt werden (vgl. Leußer et al. 2011, S. 143).

Heutzutage übernehmen moderne **Costumer Relationship Management-Systeme** (CRM-Systeme wie z. B. Oracle Siebel, SAP CRM, Salesforce) die Analyse und Verfolgung bestehender Kontakte. Dabei erfolgt die Verwaltung und Dokumentation von Geschäften in Anbahnung nach den einzelnen Stufen (engl. *Stages*) des Sales Cycle. Auf diese Weise ist es möglich, Vertriebsanalysen, Auftragswahrscheinlichkeiten und Erfolgsquotenmessungen je Kontaktstufe vorzunehmen. Ein so eingerichtetes **Pipeline Performance Management** erlaubt überdies periodenspezifische Vertriebsprognosen anhand der Bewertung der ungewichteten oder gewichteten Vertriebspipeline auf jeder Kontaktstufe.

In Abb. 4.3 ist der Sales Cycle auf der Grundlage von sieben Kontaktstufen beispielhaft dargestellt. Der Sales Cycle hat die Form eines „Vertriebstrichters" (engl. *Sales Funnel*). Während in Stufe (Stage) 1 sämtliche Kontakte als Leads des Unternehmens erfasst sind, verdünnt sich der Trichter stufenweise bis zur Stufe 7, in der nur noch jene Kontakte enthalten sind, die eine hohe Auftragswahrscheinlichkeit besitzen und bei denen die Akquisition prinzipiell abgeschlossen ist.

Es hat sich dabei durchgesetzt, die einzelnen Kontaktstufen eines Sales Cycle in Form eines „**Vertriebstrichters**" (engl. *Sales Funnel*) abzubilden. Allerdings ist diese Bezeichnung im Grunde genommen verwirrend, denn bei einem Trichter kommt alles, was man oben in ihn hineingegeben hat, auch unten wieder heraus. Das ist beim Akquisitionsprozess ganz anders, denn auf jeder Kontaktstufe werden Interessenten herausgefiltert und erreichen nicht die nächste Kontaktstufe. Daher wäre „**Vertriebsfilter**" die treffendere Bezeichnung.

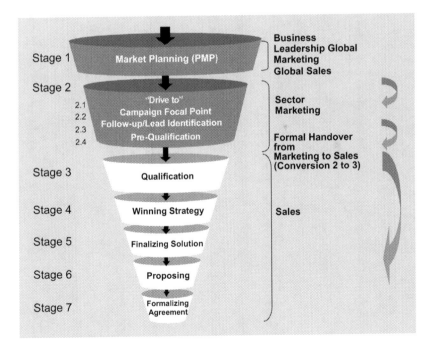

Abb. 4.3 Beispiel eines Sales Cycle. (© Dialog.Lippold)

Akquisitionsprozess 5

Der Akquisitionsprozess zählt zum Kern der Geschäftsprozesse eines Unternehmens, weil er sich durch direkten Kundenkontakt oder durch Unterstützung des Kundenkontakts auszeichnet. Die Kommunikation mit dem (potenziellen) Kunden erfolgt über Customer Touch Points wie Verkaufsmitarbeiter aber auch Call Center oder Website. In erster Linie ist der Akquisitionsprozess, so wie er hier dargestellt wird, aber für das B2B-Geschäft relevant.

5.1 Einführung in das Akquisitionsgespräch

Das wesentliche Ziel des persönlichen Verkaufs besteht darin, den Auswahl- und Entscheidungsprozess beim Kunden so zu beeinflussen, dass letztlich der Verkaufsabschluss realisiert wird. Drei Voraussetzungen sind für den Akquisitionserfolg eines Verkäufers unabdingbar:

- Der Verkäufer muss sein Produkt in seinen Leistungsmerkmalen und dem daraus folgenden Nutzen für den Käufer kennen.
- Der Verkäufer muss den objektiven Bedarf und die subjektiven Bedürfnisse der Kunden so gut kennen, dass er beurteilen kann, mit welchem Produkt bzw. Programmausschnitt er den Bedarf/die Bedürfnisse am besten befriedigen kann.
- Der Verkäufer muss in der Lage sein, durch angemessenes Verhalten den Kunden zu der Überzeugung kommen zu lassen, dass bei ihm seine Wünsche am besten erfüllt werden.

Da die vom Kunden gewünschte Produktleistung (→ Anforderungsprofil) häufig mit dem (Erst-)Angebot des Herstellers (→ Leistungsprofil) nicht übereinstimmt bzw. nicht deckungsgleich ist, ist es Aufgabe des Verkäufers, Abweichungen zu

© Springer Fachmedien Wiesbaden GmbH, ein Teil von Springer Nature 2019
D. Lippold, *Akquisitionsgrundlagen im B2B-Bereich*, essentials,
https://doi.org/10.1007/978-3-658-25937-2_5

analysieren, zu bewerten und zu priorisieren. Abweichungen treten immer dann
auf, wenn aus Kundensicht ein Teil der Produktleistung die Anforderungen nicht
abdeckt, oder dann, wenn das angebotene Produkt mehr bietet als nachgefragt
bzw. honoriert wird (siehe Abb. 5.1).

Beim Akquisitionsgespräch lassen sich nach den Gesprächsphasen das
Kontaktgespräch, das Vertiefungsgespräch und das Abschlussgespräch unterscheiden. Nach dem Gesprächsinhalt kann zwischen dem Fachgespräch und
dem (reinen) Informationsgespräch differenziert werden. Besonders wichtig
ist die Einteilung des Verkaufsgesprächs nach dem Standardisierungs- bzw.
Strukturierungsgrad (siehe Abb. 5.2).

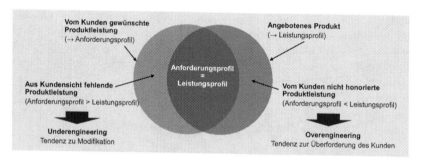

Abb. 5.1 Gegenüberstellung von Anforderungsprofil und Leistungsprofil

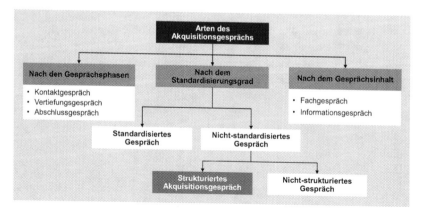

Abb. 5.2 Arten des Akquisitionsgesprächs

Ein standardisiertes Gespräch wird in aller Regel nur im **Telefonverkauf** (vornehmlich durch Call Center) durchgeführt. Der persönliche direkte Vertriebskontakt wird in Form eines **nicht-standardisierten Gesprächs** wahrgenommen. Verlässt sich der Verkäufer dabei ausschließlich auf seine Intuition und seine „Tagesform", so wird er ein *nicht-strukturiertes Gespräch* führen. Eine solche unvorbereitete Gesprächsform ist allerdings nicht zu empfehlen, denn angesichts unterschiedlicher Zielsetzungen zwischen Käufer und Verkäufer sollte ein Verkaufsgespräch gut vorbereitet und zuvor gedanklich strukturiert sein. Daher wird für den Vertrieb von komplexen und beratungsintensiven Produkten und Leistungen, aber auch auf der Handelsstufe für Konsumgüter in Verbindung mit einem hohen Auftragsvolumen immer das **strukturierte Verkaufsgespräch** die Grundlage für einen erfolgreichen Abschluss bilden.

Im Folgenden werden sechs Phasen unterschieden (siehe Abb. 5.3), die im Verkaufsgespräch durchlaufen werden und die einen vorgedachten Gesprächsaufbau im Sinne eines strukturierten Verkaufsgesprächs darstellen (vgl. Heitsch 1985, S. 181 ff.):

- Gesprächsvorbereitung
- Gesprächseröffnung
- Bedarfsanalyse
- Nutzenargumentation
- Einwandbehandlung
- Gesprächsabschluss.

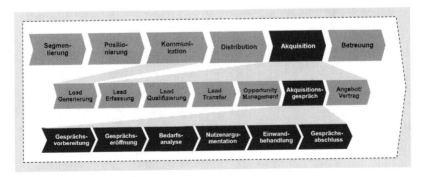

Abb. 5.3 Phasen des Akquisitionsgesprächs

Wesentlich dabei ist, dass diese Phasen nicht zwingend in obiger Reihenfolge durchlaufen werden müssen. So kann es sein, dass die eine oder andere Phasen übersprungen werden kann oder auch wiederholt werden muss. Prinzipiell sollte sich aber jeder Verkäufer im Vorfeld eines Akquisitionsgesprächs darüber im Klaren sein, dass die in diesen Phasen zu berücksichtigenden Punkte im Verkaufsgespräch auch tatsächlich auf ihn zukommen können.

5.2   Gesprächsvorbereitung

Vorbereitung ist **vorgedachte Wirklichkeit,** d. h. durch eine sorgfältige Vorbereitung lassen sich die Erfolgschancen im Verkaufsprozess erhöhen. In der Phase der Gesprächsvorbereitung sollte sich der Vertriebsmitarbeiter über die Situation seines Gesprächspartners (Zielsetzungen, Erwartungshaltung, Einfluss auf die Kaufentscheidung) informieren. Gleichzeitig muss der Vertriebsmitarbeiter die Situation seines eigenen Unternehmens im Hinblick auf die spezifische Kundensituation reflektieren (Kundenzufriedenheit, Kaufhistorie etc.). Auch muss er seine eigenen Vertriebsziele und seine Vorgehensweise abstecken sowie evtl. Konfliktstoffe ins Kalkül ziehen.

Was bei der Gesprächsvorbereitung im Einzelnen zu beachten ist und welches die wichtigsten Punkte dieser Phase sind, ist in Abb. 5.4 zusammengetragen.

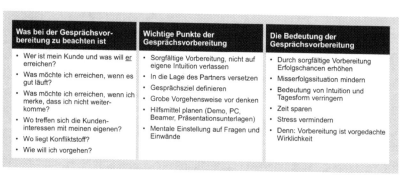

Was bei der Gesprächsvorbereitung zu beachten ist	Wichtige Punkte der Gesprächsvorbereitung	Die Bedeutung der Gesprächsvorbereitung
• Wer ist mein Kunde und was will er erreichen? • Was möchte ich erreichen, wenn es gut läuft? • Was möchte ich erreichen, wenn ich merke, dass ich nicht weiterkomme? • Wo treffen sich die Kundeninteressen mit meinen eigenen? • Wo liegt Konfliktstoff? • Wie will ich vorgehen?	• Sorgfältige Vorbereitung, nicht auf eigene Intuition verlassen • In die Lage des Partners versetzen • Gesprächsziel definieren • Grobe Vorgehensweise vor denken • Hilfsmittel planen (Demo, PC, Beamer, Präsentationsunterlagen) • Mentale Einstellung auf Fragen und Einwände	• Durch sorgfältige Vorbereitung Erfolgschancen erhöhen • Misserfolgssituation mindern • Bedeutung von Intuition und Tagesform verringern • Zeit sparen • Stress vermindern • Denn: Vorbereitung ist vorgedachte Wirklichkeit

Abb. 5.4 Die Gesprächsvorbereitung im Überblick

5.3 Gesprächseröffnung

Die Gesprächseröffnung ist deshalb so wichtig, weil der **erste Eindruck,** den sich ein Gesprächspartner von seinem Gegenüber macht, sehr viel nachhaltiger ist, als die Zeitabschnitte, die dann folgen. So haben Verhaltensforscher nachgewiesen, dass es max. 30 Sekunden dauert, bis zwei wissen, ob sie sich sympathisch sind oder nicht. Der erste Eindruck bestimmt das Akquisitionsgespräch also in hohem Maße, wobei auch „Kleinigkeiten" wie z. B. Kleidung zählen. Hinzu kommt, dass es wesentlich leichter ist, einen guten Eindruck aufrechtzuerhalten als einen negativen Eindruck aufzuheben und positiv neuzugestalten. Da es dem Gesprächspartner an Erfahrung mit seinem Gegenüber mangelt, wird er alles an Vorurteilen und Augenblickseindrücken heranziehen, um sich ein Urteil über sein Gegenüber zu bilden (vgl. Heitsch 1985, S. 275).

In diesem Zusammenhang ist es wichtig, dass der Vertriebsmitarbeiter auf seine Sprache, Gestik, Mimik und Körperhaltung besonders achtet. Auch muss er sich ein genaues Bild von der Gesprächsatmosphäre, von der Rollen- und Machtverteilung seiner Gesprächspartner und von der eigenen Situation im Gespräch machen (vgl. Homburg und Krohmer 2009, S. 862).

5.4 Bedarfsanalyse

Der Bedarfsanalyse kommt bei Erst- und Kontaktgesprächen eine besondere Bedeutung zu. Hier geht es darum, die **Kaufmotive** des Kunden zu ergründen (siehe auch Abschn. 3.2). Diese Kaufmotive sind personenbezogen und haben einen Einfluss auf die einzusetzenden Argumente des Verkäufers. Ist das dominante Kaufmotiv des Ansprechpartners bspw. *Sicherheit,* so sollte der Vertriebsmitarbeiter mit Formulierungen wie „... das sichert Ihnen ..." oder „... das gewährleistet Ihnen ..." verstärkt den Sicherheitsaspekt ansprechen. Ist das Kaufmotiv dagegen *Kosten* oder *Gewinn,* so sind Verbalisierungen wie „... das bringt Ihnen ..." oder „... damit erreichen Sie ..." wirkungsvolle Formulierungen.

In dieser Phase gilt es, konzentriert *aktiv* (z. B. in Form von Fragen) oder *passiv* (z. B. in Form von signalisierter Zuwendung und Interesse) zuzuhören. Der Einsatz von Fragetechniken (offene und geschlossene Fragen) steht im Zentrum der Bedarfsanalyse, denn wer fragt, führt das Gespräch.

Abb. 5.5 gibt einen Überblick über wichtige Punkte dieser Phase.

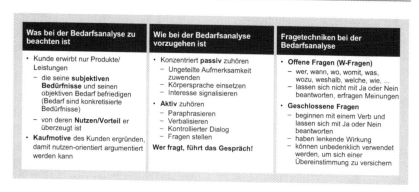

Abb. 5.5 Die Bedarfsanalyse im Überblick

5.5 Nutzenargumentation

Die Nutzenargumentation im Rahmen des Verkaufsgesprächs (engl. *Benefit Selling*) sollte vor dem Hintergrund erfolgen, dass der Kunde keine Produkte erwerben will, sondern den Nutzen bzw. den Vorteil, den er sich von dem Produkt erhofft. D. h. die verwendeten Argumente müssen den Nutzen von Leistungsmerkmalen anschaulich und glaubhaft machen. Solche **Merkmals-/Nutzen-Argumentationen** werden dann zu schlagenden Argumenten, wenn sie zusätzlich die Motivlage des Ansprechpartners treffen („Der Köder soll dem Fisch schmecken und nicht dem Angler").

Solche Motive können sein:

- Anerkennung
- Geld und Sicherheit
- Neugier und Entdeckung
- Gesundheit und Entlastung.

In Abb. 5.6 ist an einem einfachen Beispiel illustriert, wie nachteilig eine Argumentation, die sich auf reine Produkt- bzw. Leistungseigenschaften konzentriert (engl. *Character Selling*), im Vergleich zu einer Merkmals-/Nutzen-Argumentation wirkt.

Wichtig bei der Nutzenargumentation ist darüber hinaus, dass der Verkäufer diskutierte Produktmerkmale *zweiseitig* argumentiert. Dadurch erhöht er die Glaubwürdigkeit seiner Aussagen, denn nur Vorteile gibt es nicht. Dem

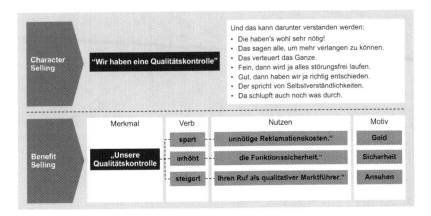

Abb. 5.6 Gegenüberstellung von Character Selling und Benefit Selling

erwarteten Nutzen stehen zumindest immer Kosten gegenüber. Ferner sollten Fachausdrücke vermieden werden (es sei denn, der Kunde spricht sie selber aus). Auch sollte der Vertriebsmitarbeiter die Lernbereitschaft des Kunden nicht überfordern, sondern die Argumente zusammenfassen, Zwischenergebnisse festhalten und die vom Gesprächspartner akzeptierten Argumente wiederholen. Auch sollte man mit der Argumentation erst dann fortschreiten, wenn Einigkeit über ein wichtiges Argument erzielt worden ist.

5.6 Einwandbehandlung

Einwände sind für jeden Verkäufer lästig. Sie ziehen seine Glaubwürdigkeit in Zweifel oder zeigen, dass der Kunde die Argumente nicht verstanden hat oder nicht verstehen will. In jedem Fall verzögern Einwände das Verkaufsgespräch. Ursachen für Einwände können sein, dass die gegebenen Informationen nicht verstanden werden. Es kann aber auch sein, dass der Gesprächspartner die Information sehr wohl verstanden hat, diese aber anders bewertet. Schließlich kann es auch sein, dass der Kunde im Vorfeld des Verkaufsgesprächs andere Informationen hatte und ihn zu anderen Schlüssen kommen lässt.

Ziel der Einwandbehandlung ist es, eine gemeinsame Informationsbasis zwischen Verkäufer und Kunden zu schaffen, d. h. es sollte eine Einigung über die Bewertung der Informationen bestehen, ohne dass es Sieger oder Besiegte gibt.

Die Einwandbehandlung wird in den einschlägigen Vertriebstrainings und Verkäuferschulungen immer wieder geprobt. Bewährte **Einwandbehandlungstechniken** sind

- die „Ja-aber-Methode",
- die „Gesetzt-den-Fall-dass-Methode",
- die „Pro-und-Kontra-Methode",
- die Vorwegnahme des Einwands,
- das Wiederholen und Versachlichen der Einwände sowie
- die Bumerang-Methode, bei der ein Einwand in ein positives Argument umgewandelt wird („... ja, gerade deshalb ...").

Bei der Behandlung von Einwänden geht es letztlich nicht darum, wer Recht hat. Selbst wenn der Verkäufer immer Recht bekommt, unterliegt er mindestens einmal: Wenn er die Unterschrift unter den Vertrag nicht bekommt.

5.7 Gesprächsabschluss

Für den Kunden kommt die Entscheidung fast immer zu früh, denn es besteht in aller Regel – trotz bester Argumente – immer noch ein Stück Restunsicherheit. Trotzdem: Wenn alle Fragen geklärt sind und keine Einwände mehr bestehen, ist die Zeit für eine Entscheidung reif. Häufig sendet der Kunde auch bereits **Kaufsignale**, z. B. wenn er sehr häufig und unaufgefordert zustimmt oder Fragen stellt, die erst nach dem Kauf relevant sind. Weitere Kaufsignale können sein, dass sich der Kunde nach der Erfahrung anderer Kunden (→ Referenzen) erkundigt, um die eigene Entscheidung final abzusichern. Ein recht zuverlässiges Kaufsignal ist auch, wenn der Kunde bereits nach Zahlungsterminen fragt oder sich mit Details beschäftigt, die ebenfalls erst nach dem Kaufabschluss zu Tragen kommen. Wenn der Kunde ungeduldig wird, sollte der Verkäufer darauf verzichten, seine noch so guten Argumente fortzuführen. Der Kunde entscheidet!

Häufig muss dem Gesprächspartner beim Abschluss über die Schwelle hinweg geholfen werden. Hierzu bietet sich dem Verkäufer die direkte Aufforderung („Ich meine, wir sind uns einig, was meinen Sie?") oder die indirekte Aufforderung („Was steht aus Ihrer Sicht einer Entscheidung noch im Wege?") an.

Sollte allerdings keine Entscheidung erreichbar sein, so müssen die Teilergebnisse gesichert und das weitere Vorgehen vereinbart werden (z. B. Aktionsplan, Referenzbesuch, Termin bei der Geschäftsleitung).

Generell stellt der Gesprächsabschluss für jeden Vertriebsmitarbeiter eine besondere Herausforderung dar. Die Anforderung, die in diesem Zusammenhang an die Qualifikation des erfolgreichen Verkäufers zu stellen ist, betrifft seine **Abschlusssicherheit.** Da ganz offensichtlich die Dauer der Auswahl- und Entscheidungsprozesse mit der Komplexität der einzusetzenden Lösung zunimmt, droht häufig die Gefahr, dass sich die Prozesse schier endlos und für beide Seiten unbefriedigend hinziehen.

Akquisitionscontrolling 6

Das Aktionsfeld *Akquisition* wird in der Regel mit der Angebots- und Vertragsgestaltung abgeschlossen. Die Aufforderung zur Abgabe eines Angebotes kann
mündlich („Senden Sie uns doch bitte ein Angebot zu") oder formal als *„Request
for Proposal – RfP"* erfolgen.

6.1 Angebots- und Vertragsgestaltung

Mit der Abgabe eines Angebots existiert aber noch kein Vertrag. Ein Vertrag
kommt grundsätzlich erst durch die Übereinstimmung von Antrag und Annahme
zustande. Da der Antrag sowohl vom Auftragnehmer als auch vom Auftraggeber
ausgehen kann, kommt ein Vertrag zustande durch

- Angebot des Auftragnehmers *und* Auftrag (Bestellung) des Auftraggebers oder
  durch
- Auftrag (Bestellung) des Auftraggebers *und* Auftragsbestätigung des Auftragnehmers.

Im B2B-Bereich ergeben sich somit für den Vertragsabschluss folgende Möglich-
keiten:

- Der Hersteller macht ein Angebot, das Kundenunternehmen erteilt den Auftrag
  rechtzeitig und ohne Abänderungen. Damit ist der Vertrag zustande gekommen.
- Der Hersteller unterbreitet ein Angebot, das Kundenunternehmen bestellt zu spät
  oder mit Abänderungen (Erweiterungen oder Einschränkungen). Die verspätete
  Annahme des Antrages oder eine Annahme mit Änderungen gelten als neuer
  Antrag. Der Vertrag kommt erst durch Annahme des neuen Antrags zustande.

© Springer Fachmedien Wiesbaden GmbH, ein Teil von Springer Nature 2019
D. Lippold, *Akquisitionsgrundlagen im B2B-Bereich*, essentials,
https://doi.org/10.1007/978-3-658-25937-2_6

- Das Kundenunternehmen erteilt einen Auftrag ohne vorhergehendes Angebot, der Hersteller bestätigt den Auftrag. Der Vertrag kommt mit der Annahme des Auftrages zustande.

Bei besonders erklärungsbedürftigen Produkten und Leistungen wäre die Abfassung und Unterzeichnung eines **formellen (schriftlichen) zweiseitigen Vertrages,** in dem das Kundenunternehmen die Rechtsposition des Auftragnehmers ausdrücklich zur Kenntnis nimmt, der beste Weg zur Eingrenzung der vertraglichen Rechte und Pflichten beider Vertragspartner. Wie die Praxis aber immer wieder zeigt, werden solche zweiseitig entwickelten Vertragsentwürfe im Allgemeinen zeitraubenden Prüfungen durch die Rechtsabteilungen der Kundenunternehmen unterzogen.

Im Sinne einer zügigen Vertragsabwicklung haben sich daher viele Unternehmen nicht für die Aushandlung eines formellen zweiseitigen Vertrages, sondern für die dreistufige Kette: **„Angebot – Auftrag (Bestellung) – Auftragsbestätigung"** entschieden. Zwar handelt es sich dabei aus juristischer Sicht nur um den zweitbesten, allerdings deutlich schnelleren Weg der Vertragsgestaltung.

Sollte ein Kundenunternehmen dem Auftragnehmer einen schriftlichen Auftrag erteilen, indem es von dem vorliegenden Angebot abweicht, so muss der potenzielle Auftragnehmer sofort, prompt und unverzüglich reagieren, da Schweigen als Bestätigung der Abänderung betrachtet werden kann. Derartige **Abweichungen** können sein:

- Geänderte Preise
- Veränderte Termine
- Einkaufsbedingungen des Auftraggebers als Grundlage der Bestätigung
- Haftungserweiterungen
- Änderungen der Gewährleistungsfristen
- Geänderte Zahlungsbedingungen
- Änderung des Gerichtsstandes.

6.2   Dienstvertrag vs. Werkvertrag

Die nächste wichtige Frage, die sich im Zusammenhang mit der Vertragsgestaltung stellt, ist die Frage nach der schuldrechtlichen Zuordnung des Vertrages. Grundlegend ist hierbei die Unterscheidung in *Austausch- und Kontraktgüter,* die auf KLAUS PETER KAAS (1992) zurückgeht. **Austauschgüter** sind fertige, standardisierte Produkte, die auf Vorrat gefertigt werden. Im Gegensatz dazu liegen bei **Kontraktgütern** zum Zeitpunkt des Verkaufsabschlusses die Produkte bzw. die Leistungen noch gar nicht vor, d. h. das Kontraktgut existiert noch nicht und wird erst nach Kaufabschluss erstellt. Insofern kann Qualität und Eignung von Kontraktgütern für die Lösung des Kundenproblems häufig nur unzureichend eingeschätzt werden.

Während bei Austauschgüter n regelmäßig der schuldrechtliche Titel des Kaufs [§§ 433–515 BGB] Anwendung findet, stellt sich bei der Veräußerung von Kontraktgütern die Frage, ob es sich um einen Dienstvertrag [§§ 611–630 BGB] oder um einen Werkvertrag [§§ 631–651 BGB] handelt. Beispiele für solche Kontraktgüter sind (IT-)Projekte, Auftragsprogrammierung, Beratungsleistungen, Systemgeschäft und Anlagenbau.

Die Abgrenzung ist im Wesentlichen dahin gehend vorzunehmen, dass ein Dienstvertrag dann vorliegt, wenn die Tätigkeit *selbst* geschuldet wird, ein Werkvertrag dagegen dann, wenn der *Erfolg* der Tätigkeit geschuldet wird. Beim Werkvertrag ist das Tätigwerden lediglich Mittel zum Zweck der Vertragserfüllung, beim Dienstvertrag dagegen die fachlich qualifizierte Tätigkeit die Vertragserfüllung selbst.

Praktisch gesehen hängt die vertragliche Zuordnung vom Grad der Aufgabenstellung ab: Liegt eine klar abgegrenzte, wohldefinierte Aufgabenstellung vor, bei der entsprechende Voraussetzungen und Vorleistungen zu erfüllen sind, so handelt es sich regelmäßig um einen Werkvertrag. Sind diese Bedingungen nicht erfüllt, sodass sich der Auftragnehmer nicht in der Lage sieht bzw. auch gar nicht sehen kann, den Erfolg seiner Tätigkeit zu garantieren, ist die rechtliche Basis der Dienstvertrag.

Viele Kundenunternehmen wünschen unbedingt den **Werkvertrag auf Festpreisbasis.** Sie nehmen lieber einen entsprechenden Risikozuschlag in Kauf, wollen dafür aber Klarheit hinsichtlich der Preisstellung und des Fertigstellungstermins bekommen. Auf der anderen Seite kann der Kunde beim Werkvertrag nicht mehr lenkend auf die Aufgabenstellung und Zielsetzung, die sich im Zeitablauf ja durchaus ändern kann, Einfluss nehmen.

6.3 Effizienzsteigerung im Vertrieb

Der unternehmenseigene Außendienst zählt zweifellos zu den bedeutendsten Kostenfaktoren im Vermarktungsprozess. Mögliche Ansatzpunkte, um die Wirtschaftlichkeit im Vertrieb zu steigern, sind:

- Straffung der administrativen Abläufe
- Förderung der Zusammenarbeit zwischen Innen- und Außendienst
- Vereinfachung des Berichtswesens
- Einsatz des Internets für vertriebsunterstützende Maßnahmen
- Abbau von Hierarchieebenen

Jede Stunde, die der Vertriebsmitarbeiter mit vertrieblich unproduktiven Tätigkeiten verbringt, fehlt für die qualifizierte Vertriebsarbeit (vgl. Bittner 1994, S. 180 f.).

Abb. 6.1 zeigt als Beispiel die Ergebnisse einer Untersuchung, die das Software- und Beratungsunternehmen Adv/Orga bereits in den 1980er Jahren durchgeführt hat und zum Anlass nahm, seine Vertriebsorganisation grundlegend neu zu formieren und verstärkt auf den Einsatz moderner IT-Systeme zu setzen (vgl. Lippold 1998, S. 231 ff.).

Um die oben angesprochenen „Luftnummern" rechtzeitig zu erkennen, bietet es sich besonders im B2B-Bereich an, bereits direkt im Verkaufsgespräch oder im Vertriebsaudit **Akquisitions schwellen** zu setzen. Mögliche Fragen in diesem Zusammenhang können sein (vgl. Lippold 1993, S. 233):

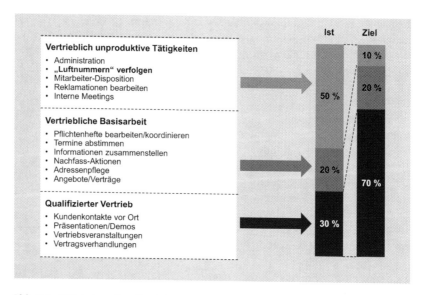

Abb. 6.1 Tätigkeiten eines Vertriebsbeauftragten im Hightech-Bereich. (© Dialog.Lippold)

- Stimmt das Anforderungsprofil des Kundenunternehmens grundsätzlich mit dem Profil der angebotenen Produktleistung überein?
- Wann soll das Produkt eingeführt bzw. das Projekt wirklich gestartet werden?
- Ist überhaupt ein Budget (und wenn ja, welches) für die Produktlösung eingeplant?
- Wer entscheidet letztendlich über die Vergabe des Auftrags, d. h. wird in der Endphase des Akquisitionsprozesses auch mit dem richtigen Ansprechpartner verhandelt?

Sollten keine zufriedenstellenden Antworten auf diese oder ähnliche Fragen (siehe Abb. 6.2) gegeben werden, so ist die Ernsthaftigkeit des Vertriebskontakts mehr als infrage gestellt. Ggf. ist der Kontakt aus der Auftragserwartung zu streichen. Der stärkste Hebel zur Steigerung der Wirtschaftlichkeit im Vertrieb ist im Einsatz von Informations- und Kommunikationstechnologien zu sehen. Im Vordergrund stehen hierbei die bereits oben erwähnten **CRM-Systeme,** die eine konsequente Ausrichtung des Unternehmens auf ihre Kunden und die systematische Gestaltung der Kundenbeziehungsprozesse zum Gegenstand haben. Die dazu gehörende Verfolgung (Historie) von Kunden- und Interessentenbeziehungen ist ein wichtiger Baustein und ermöglicht ein vertieftes Beziehungsmanagement. In den meisten Branchen sind Beziehungen zwischen Unternehmen und Kunden langfristig ausgerichtet. Mithilfe von CRM-Systeme n werden diese Kundenbeziehungen gepflegt und eine differenzierte Kundenbetreuung (z. B. Fokus auf „wertvolle" Kunden) ermöglicht. Gleichzeitig dienen die CRM-Daten der Vorbereitung und Durchführung des Kundenbesuchs.

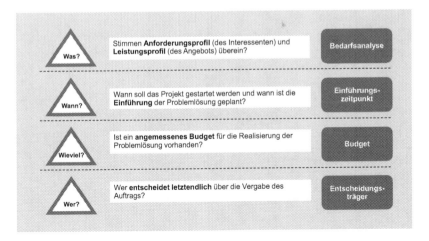

Abb. 6.2 Vier Fragen zur Überprüfung der Ernsthaftigkeit eines Akquisitionskontaktes. (© Dialog.Lippold)

6.4   Kennzahlen im Vertrieb

Für den Vertriebsbereich bietet sich eine ganze Reihe wichtiger Kennzahlen (engl. *Key Performance Indicators – KPIs*) als **Steuergrößen** bzw. verdichtete Informationen über quantifizierbare Tatbestände im Akquisitionsprozess an. Allerdings gibt es nicht die „besten Kennzahlen" oder das „beste Kennzahlensystem" – zu unterschiedlich sind Ziele und Strategien einzelner Unternehmen und Branchen. Kennzahlen sind unternehmensindividuell und sollen **Potenzial für Verbesserungen** aufzeigen und nicht als pure Kontrolle missverstanden werden. Kennzahlen sollten nicht isoliert betrachtet werden. Ihre größte Aussagekraft entfalten sie erst im Gesamtzusammenhang des Kennzahlensystems in einer langfristigen Entwicklung. Für eine erfolgreiche Vertriebssteuerung ist es daher wichtig, die für das Unternehmen wirklich relevanten Kennzahlen auszuwählen und zeitnah zur Verfügung zu stellen. Denn mit einem effektiven Vertriebskennzahlensystem besitzt das Unternehmen ein umfassendes Informationsinstrument für sämtliche Absatz-, Kunden-, Wettbewerbs- und Marktsituationen. Vertriebskennzahlen bilden die Zielvorgaben für einzelne Vertriebsprozesse und steuern somit die Vertriebsorganisation als Ganzes als auch den einzelnen Vertriebsbeauftragten (vgl. BITKOM 2006, S. 2 ff.).

Vertriebskennzahlen füllen in erster Linie drei Funktionen aus. Sie dienen

- als die Grundlage für die **Vertriebsplanung,**
- dem Controlling als Grundlage für das Aufspüren von **Verbesserungspotenzialen** und
- der **Motivation der Mitarbeiter,** indem sie die einzelnen Vertriebsleistungen bewerten und vergleichen und damit Basis für die Berechnung von variablen Vergütungsanteilen sind.

Um die Vielzahl der zur Verfügung stehenden Vertriebskennzahlen besser einordnen zu können, sollen eine ausgewählte Anzahl entlang des Akquisitionszyklus mit den Phasen *Lead Generierung, Lead Qualifizierung* und *Akquisitionsprozess* aufgeführt werden. Darüber hinaus lassen sich noch Kennziffern aus den anfallenden Akquisitionskosten bilden. Diese sind im Abschn. 7.3 als **Werttreiber** aufgeführt. Abb. 6.3 liefert den entsprechenden Überblick.

Phase des Akquisitionszyklus	Kennziffer	Ziel
Lead Generierung	• Rücklaufquote (Feedback) pro Vertriebs-/Marketingaktion	• Erfolg der Aktionen erhöhen
	• Prozentualer/absoluter Anteil von Messe-/Event-/Aktionsaufwendungen am Marketingbudget	• Marketingkosten ergebnisorientiert steuern
	• Veranstaltungsindex bestehend aus Hausmessen/Ausstellungen/Roadshow, Messen, Präsentationen, Demo's etc.	• Erfolgsorientiertes Eventmanagement
	• Adress-/Bedarfs-qualifiziertes Potenzial zu Gesamtpotenzial	• Direktmarketingkosten optimieren
Lead Qualifizierung	• Gewonnene Prospects, d. h. das Verhältnis der Anzahl der bearbeiteten Leads in einer Kategorie mit hoher Abschlusswahrscheinlichkeit zur nächst niedrigeren Stufe	• Messung und Steuerung des Lead-Qualifizierungsprozesses
	• Forecast Sales Pipeline	• Planbarkeit AEs erhöhen
Akquisitionsprozess (Abschluss)	• Realisierte Auftragseingangs-, Umsatz-, DB-Quote, d. h. Anzahl Mitarbeiter zu Auftragseingang, Umsatz, DB	• Erhöhung der Vertriebsproduktivität
	• Angebotserfolgsquote, d. h. die Anzahl der erfolgreichen Angebote im Verhältnis zu allen abgegebenen Angeboten	• Angebotserfolge erhöhen
	• Total Contract Value (TCV) abgegebener Angebote	• Transparenz der TCV-Entwicklung
	• Auftragsverlustquote, d. h. Anzahl der nicht erzielten Aufträge im Verhältnis zu allen abgegebenen Angeboten	• Anzahl der Aufträge aus Angeboten erhöhen
	• Gewährte Rabatte/Erlösschmälerungen zu Brutto-Auftragseingang/Umsatz-Auftragswerten	• Einhaltung geplanter Marktpreise
	• Neukundenquote, d. h. Anzahl der Aufträge bei Erstkunden im Verhältnis zur Anzahl aller Aufträge innerhalb einer definierten Periode	• Entwicklung des Neugeschäfts
	• Entwicklung des Kundenbestands ("Schlagzahl")	• Erhöhung der Angebotsattraktivität
	• Abschlussquote (engl. *Conversion rate*), d. h. Anzahl aller erzielten Aufträge im Verhältnis zur Gesamtzahl der Auftragserwartungen innerhalb einer definierten Periode	• Klarheit über die erfolgreichen Zielkundensegmente erhalten
	• Auftragsquote, d. h. Anzahl der erzielten Aufträge pro 10 Kundenbesuche	• Verbesserung der Vertriebseffektivität
	• Zeitlicher Anteil der Vertriebskontakte im Verhältnis zur gesamt verfügbaren Arbeitszeit	• Produktivität der Vertriebsmitarbeiter optimieren

Abb. 6.3 Ausgewählte Akquisitionskennzahlen. (© Dialog.Lippold)

Optimierung der Kundenakzeptanz

7

Am Ende dieses Beitrags werden die wesentlichen Erkenntnisse im Zusammenhang mit dem Aktionsfeld *Akquisition* zusammengefasst. Dabei geht es um

- die wichtigsten Aktionsparameter (Stellschrauben),
- die Prozesse und deren instrumentelle Unterstützung sowie um
- die Werttreiber

dieses Aktionsfeldes.

7.1 Aktionsparameter

▷ **Aktionsparameter** sind solche Größen, die im jeweiligen Aktionsfeld fest verankert sind und deren Handhabung sich als Stellschrauben für eine Optimierung des jeweiligen Kundenkriteriums anbieten.

Wie beschrieben lässt sich die **Optimierung der Kundenakzeptanz** als Funktion der *Akquisition* darstellen (→ Kundenakzeptanz = f (Akquisition)). Im Aktionsbereich *Akquisition* sind es im Wesentlichen folgende Parameter, von denen die Optimierung der Kundenakzeptanz abhängt:

- **Vertriebliche Qualifikation**
- **Akquisitionszyklus**
- **Akquisitionscontrolling.**

© Springer Fachmedien Wiesbaden GmbH, ein Teil von Springer Nature 2019
D. Lippold, *Akquisitionsgrundlagen im B2B-Bereich*, essentials,
https://doi.org/10.1007/978-3-658-25937-2_7

Daher kann die Optimierungsfunktion der Kundenakzeptanz folgendermaßen erweitert werden:

> **Wichtig** **Kundenakzeptanz = f (Akquisition) = f (Vertriebliche Qualifikation, Akquisitionszyklus, Akquisitionscontrolling) → optimieren!**

Auch die Aktionsparameter des Aktionsfeldes *Akquisition* sind nicht „in Stein gemeißelt", sondern können sich je nach Produktart (Industriegüter, Konsumgüter, Dienstleistungen) ändern bzw. unterschiedlich gewichtet werden.

7.2 Prozesse und instrumentelle Unterstützung

In Abb. 7.1 ist beispielhaft ein Prozessmodell für das Aktionsfeld *Akquisition* dargestellt. Die konkrete Ausgestaltung dieses Prozessmodells ist von einer Vielzahl von Einflussfaktoren abhängig (Branche, Unternehmensgröße, Distributionssystem, Art der Werttreiber etc.).

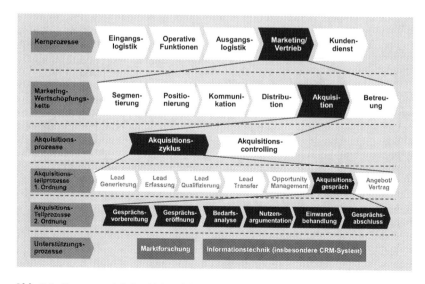

Abb. 7.1 Prozessmodell des Aktionsfeldes „Akquisition"

Das Besondere an diesem Beispiel ist, dass das Aktionsfeld *Akquisition* in Teilprozesse erster und zweiter Ordnung gegliedert ist. Im Teilprozess erster Ordnung sind beispielhaft die Phasen des Akquisitionszykluses aufgenommen, während sich der Teilprozess zweiter Ordnung mit den Phasen des Akquisitionsgesprächs befasst.

7.3 Werttreiber

▷ **Werttreiber** sind betriebswirtschaftliche Kenngrößen (Kennzahlen), die den finanziellen Ergebnisgrößen vorgelagert sind und die auf den unterschiedlichen Organisationsebenen beeinflussbare Hebel für den Unternehmenserfolg darstellen (z. B. Kundenbindungs- oder Kundenrückgewinnungsrate).

Werttreiber reduzieren die komplexe Realität auf ihre wesentlichen Einflussfaktoren, belegen Zusammenhänge zwischen *weichen* und *harten* Erfolgsfaktoren, verdeutlichen Schwachstellen und zeigen das aktuelle Leistungsniveau des jeweiligen Marketingmanagements und damit den ökonomischen Nutzen für den Unternehmenserfolg auf (vgl. DGFP 2004, S. 23 f.).

Für das Aktionsfeld *Akquisition* kann eine Vielzahl von Werttreibern genannt werden. Unter **Effizienzgesichtspunkten der Akquisition** können folgende Kennzahlen herangezogen werden (vgl. Hienerth 2010, S. 88 f.):

- **Akquisitionskosten pro Kunde,** d. h. die Akquisitionskosten Gesamt/Anzahl der Kunden – im Online-Bereich: Akquisitionskosten Gesamt des Webshops/ Anzahl der Webshop-Besucher
- **Akquisitionskosten pro Erstkunde** (engl. *Cost per first order*), d. h. Akquisitionskosten für Erstkäufer (des Webshops)/Anzahl der Erstkäufer (im Webshop)
- **Akquisitionskosten pro Wiederkäufer,** d. h. Akquisitionskosten für Wiederholungskäufer (im Webshop)/Anzahl der Wiederholungskäufer (im Webshop).

Unter Akquistionskosten sind dabei nicht nur die reinen Vertriebskosten, sondern auch die Marketingkosten für Lead Generierung (z. B. Marketingkampagnen, Events, Messen, Anzeigen) zu verstehen.

In der Phase der **Lead Generierung,** die in aller Regel unter Verantwortung des Marketings stattfindet, sind vornehmlich Kennzahlen aus dem Kampagnenmanagement von Interesse für das Vertriebsmanagement, wie z. B. (vgl. Bitkom 2006, S. 13 ff.)

- **Rücklaufquote** (Feedback) pro Vertriebs-/Marketingaktion
- **Eventquote,** d. h. Prozentualer/absoluter Anteil von Messe-/Event-/ Aktionsaufwendungen am gesamten Marketingbudget
- **Veranstaltungsindex** bestehend aus Hausmessen/Ausstellungen/Roadshow, Messen, Präsentationen, Demo's etc.
- **Adressquote,** d. h. Adress-/Bedarfs-qualifiziertes Potenzial zu Gesamtpotenzial der Interessenten (engl. *Prospects*).

Zur **Lead Qualifikation** können beispielhaft folgende Kennzahlen herangezogen werden:

- **Gewonnene Prospects,** d. h. das Verhältnis der Anzahl der bearbeiteten Leads in einer Kategorie mit hoher Abschlusswahrscheinlichkeit zur nächst niedrigeren Stufe
- **Forecast Sales Pipeline**

Zur Phase des **Akquisitionsprozesses (Abschluss)** lassen sich die meisten Kennzahlen benennen (vgl. Becker 2009, S. 874; Bauer et al. 2006, S. 106 f.; Bitkom 2006, S. 13 ff.):

- **Abschlussquote** (engl. *Conversion rate*), d. h. Anzahl aller erzielten Aufträge im Verhältnis zur Gesamtzahl der Auftragserwartungen innerhalb einer definierten Periode
- **Umsatzquote,** d. h. Umsatz aller erzielten Aufträge im Verhältnis zum potenziellen Gesamtumsatz aller Auftragserwartungen innerhalb einer definierten Periode
- **Neukundenquote,** d. h. Anzahl der akquirierten Aufträge bei Erstkunden im Verhältnis zur Anzahl aller akquirierten Aufträge innerhalb einer definierten Periode
- **Kundenbesuchsquote,** d. h. die Anzahl der Kundenbesuche pro Verkäufer innerhalb einer bestimmten Periode
- **Auftragsquote,** d. h. Anzahl der erzielten Aufträge pro 10 Kundenbesuche
- **Kundenportfolio,** d. h. Anzahl der Neukunden an der Gesamtzahl aller Kunden
- **Angebotserfolgsquote,** d. h. die Anzahl der erfolgreichen Angebote im Verhältnis zu allen abgegebenen Angeboten
- **Total Contract Value** (TCV) abgegebener Angebote
- **Auftragsverlustquote,** d. h. Anzahl der nicht erzielten Aufträge im Verhältnis zu allen abgegebenen Angeboten

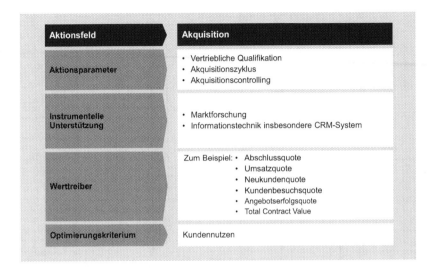

Abb. 7.2 Perspektiven des Aktionsfeldes „Akquisition"

- **Gewährte Rabatte/Erlösschmälerungen** zu Brutto-Auftragseingang/ Umsatz-Auftragswerten
- Entwicklung des Kundenbestands („**Schlagzahl**")
- **Zeitlicher Anteil der Vertriebskontaktbearbeitung** im Verhältnis zur gesamt verfügbaren Arbeitszeit.

In Abb. 7.2 sind alle wesentlichen Aspekte des Aktionsfeldes *Akquisition* (wie Aktionsparamter, Wertreiber und instrumentelle Unterstützung sowie das Optimierungskriterium) zusammengefasst.

Was Sie aus diesem *essential* mitnehmen können

- Hintergrundinformationen über Effektivität und Effizienz von Akquisitionsprozessen im B2B-Bereich
- Die Bedeutung einzelner Phasen eines Akquisitionsgesprächs
- Die Funktionsweise von Lead- und Opportunity-Management
- Sinnvolle Abgrenzungskriterien zwischen Marketing und Vertrieb aus organisatorischer Sicht

© Springer Fachmedien Wiesbaden GmbH, ein Teil von Springer Nature 2019
D. Lippold, *Akquisitionsgrundlagen im B2B-Bereich*, essentials,
https://doi.org/10.1007/978-3-658-25937-2

Literatur

Backhaus K, Voeth M (2004) Industriegütermarketing – eine vernachlässigte Disziplin? In: Backhaus K, Voeth M (Hrsg) Handbuch Industriegütermarketing: Strategien, Instrumente, Anwendungen. Gabler, Wiesbaden, S 5–21

Backhaus K, Voeth M (2010) Industriegütermarketing, 9. Aufl. Vahlen, München

Bänsch A (2002) Käuferverhalten, 9. Aufl. Oldenbourg, München

Bauer HH, Stokburger G, Hammerschmidt M (2006) Marketing performance. Messen – Analysieren – Optimieren. Gabler, Wiesbaden

Baumgarth C (2004) Markenführung von B-to-B-Marken. In: Bruhn M (Hrsg) Handbuch Markenführung. Gabler, Wiesbaden

Becker J (2009) Marketing-Konzeption. Grundlagen des ziel-strategischen und operativen Marketing-Managements, 9. Aufl. München, Vahlen

Bitkom (Hrsg) (2006) Vertriebskennzahlen für ITK-Unternehmen. Leitfaden Vertriebs-Measurement

Bitkom (Hrsg) (2010) Phasen im Leadmanagement-Prozess. Leitfaden

Bittner L (1994) Innovatives software-marketing. Moderne Industrie, Landsberg

Blake RR, Mouton JS (1972) Besser verkaufen durch GRID. Econ-Verlag, Düsseldorf

Görgen F (2014) Vertriebssteuerung, E-Book, bookboon.com

Häusel H-G (2011) Die wissenschaftliche Fundierung des Limbic® Ansatzes, pdf-File, München

Heitsch D (1985) Das erfolgreiche Verkaufsgespräch, 2. Aufl. Moderne Industrie, Landsberg am Lech

Hienerth C (2010) Kennzahlenmodell zur Erfolgsbewertung des E-Commerce. Analyse am Beispiel eines Mehrkanaleinzelhändlers. Gabler, Wiesbaden

Homburg C, Krohmer H (2006) Grundlagen des Marketingmanagements. Einführung in Strategie, Instrumente, Umsetzung und Unternehmensführung. Gabler, Wiesbaden

Homburg C, Krohmer H (2009) Marketingmanagement. Strategie – Umsetzung – Unternehmensführung, 3. Aufl. Gabler, Wiesbaden

Hungenberg H, Wulf T (2011) Grundlagen der Unternehmensführung, 4. Aufl. Springer, Heidelberg

© Springer Fachmedien Wiesbaden GmbH, ein Teil von Springer Nature 2019
D. Lippold, *Akquisitionsgrundlagen im B2B-Bereich,* essentials,
https://doi.org/10.1007/978-3-658-25937-2

Jost A (2000) Kundenmanagementsteuerung – Erweiterung der Vertriebssteuerung im Rahmen umfassender CRM-Systeme. In: Bliemel F, Fassott G, Theobald A (Hrsg) Electronic Commerce – Herausforderungen – Anwendungen – Perspektiven, 3. Aufl. Gabler, Wiesbaden, S 331–348

Kaas KP (1992) Kontraktgütermarketing als Kooperation zwischen Prinzipalen und Agenten. Z für betriebswirtschaftliche Forsch 44:884–901

Kleinaltenkamp M (2000) Einführung in das Business-to-Business Marketing. In: Kleinaltenkamp M, Plinke W (Hrsg) Technischer Vertrieb: Grundlagen des Business-to-Business Marketing, 2. Aufl. Springer, Berlin, S 171–247

Kotler P, Armstrong G, Wong V, Saunders J (2011) Grundlagen des Marketing, 5. Aufl. Pearson, München

Leußer W, Hippner H, Wilde KD (2011) CRM – Grundlagen, Konzepte und Prozesse. In: Hippner H, Hubrich B, Wilde KD (Hrsg) Grundlagen des CRM – Strategie, Geschäftsprozesse und IT-Unterstützung. Gabler, Wiesbaden

Lippold D (1993) Marketing als kritischer Erfolgsfaktor der Softwareindustrie. In: Arnold U, Eierhoff K (Hrsg) Marketingfocus: Produktmanagement. Schäffer Poeschel, Stuttgart, S 223–236

Lippold D (1998) Die Marketing-Gleichung für Software. Der Vermarktungsprozess von erklärungsbedürftigen Produkten und Leistungen am Beispiel von Software, 2. Aufl. M&P Schäffer Poeschel, Stuttgart

Lippold D (2015a) Die Marketing-Gleichung. Einführung in das prozess- und wertorientierte Marketingmanagement, 2. Aufl. De Gruyter, Berlin

Lippold D (2015b) Einführung in die Marketing-Gleichung. Springer Gabler, Wiesbaden

Lippold D (2016) Die Unternehmensberatung. Von der strategischen Konzeption zur praktischen Umsetzung, 2. Aufl. Springer Gabler, Wiesbaden

Lippold D (2018a) Die Unternehmensberatung. Von der strategischen Konzeption zur praktischen Umsetzung, 3. Aufl. Springer Gabler, Wiesbaden

Lippold D (2018b) Wie mit vier Fragen ein scheinbar ernsthafter Vertriebskontakt entzaubert werden kann. https://lippold.bab-consulting.de/wie-mit-vier-fragen-ein-scheinbar-ernsthafter-vertriebskontakt-entzaubert-werden-kann2. Zugegriffen: 20. Febr. 2019

Lippold D (2018c) Wo Buying center und selling center aufeinandertreffen. https://www.marconomy.de/wo-buying-center-und-selling-center-aufeinandertreffen-a-765833/. Zugegriffen: 20. Febr. 2019

Lippold, D. (2019): B2B Marketing und Vertrieb à la Carte. https://lippold.bab-consulting.de/b2b-marketing-und-vertrieb-a-la-carte. Zugegriffen: 20. Febr. 2019

Menthe T, Sieg M (2013) Kundennutzen: die Basis für den Verkauf. So verwandeln Sie Leistungen in messbaren Mehrwert. Gabler, Wiesbaden

Münzberg H (2006) Herausforderung marketing. Diskussion zur Effektivität des Marketing, Capgemini Consulting-Studie

Nieschlag R (1972) Binnenhandel und Binnenhandelspolitik, 2. Aufl. Duncker & Humblot, Berlin

Oberstebrink T (2013) So verkaufen Sie Investitionsgüter: Von der Commodity bis zum Anlagenbau: Wie Sie im harten Wettbewerb neue Kunden gewinnen. Gabler, Wiesbaden

Runia P, Wahl F, Geyer O, Thewißen C (2011) Marketing. Eine prozess- und praxisorientierte Einführung, 3. Aufl. Oldenbourg, München

Schögel M, Pernet N (2010) Konfliktmanagement in der Distribution. Konfliktarten, Konfliktursachen und Konsequenzen für das Konfliktmanagement in Mehrkanalsystemen. In: Ahlert D, Kenning P, Olbrich R, Schröder H (Hrsg) Multichannel-Management. Frankfurt a. M.

Schüller AM (2011) Wie Kauflust entsteht und das Kunden-Ja leicht zu erreichen ist, eBook: Das neue Verkaufen (Teil 1)

Steinmann H, Schreyögg G (2005) Management. Grundlagen der Unternehmensführung. Konzepte – Funktionen – Fallstudien, 6. Aufl. Gabler, Wiesbaden

Strothmann K-H, Kliche M (1989) Innovationsmarketing. Markterschließung für Systeme der Bürokommunikation und Fertigungsautomation. Gabler, Wiesbaden

Webster FE, Wind Y (1972) Organizational buying behavior. Englewood Cliffs, New Jersey

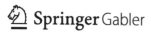

Printed in the United States
By Bookmasters